Este libro le ha sido entregado por

Nota aclaratoria para los que no pertenecen a Amway

Aunque hemos hecho nuestro mejor esfuerzo por usar palabras claras y sencillas, los lectores que desconozcan por completo qué es Amway tendrán dificultades para entender algunas definiciones y la jerga propia de Amway: qué es un patrocinador, qué es un patrocinador local, qué significa el término pata, qué es un distribuidor Perla o Diamante.

Debido a que este libro está dirigido principalmente a amigos y colegas dentro del "Mundo Amway" y a que muchos términos no son traducibles, hemos decidido con toda conciencia no elaborar un glosario.

Si este libro despierta su interés, le sugerimos contactar a la persona que se lo dio a conocer. Estamos seguros de que quien se lo haya presentado estará muy complacido en dedicar un poco de su tiempo a contestar todas las preguntas que usted tenga.

Quizá este libro sea la llave que lo introducirá a un mundo completamente diferente, nuevo y excitante…

SOÑAR O NO SOÑAR
Tycoon Colección Vol. 1

3ª edición revisada
Copyright de las ediciones alemanas 1994,
2007 y 2011 by Tycoon oHG,
Bahnhofstr. 34, 86663 Bäumenheim, Alemania

Título de la edición inglesa:
To Dream or not to Dream, 1999.
Del inglés por Anónimo.

Diseño de la portada:
Konzept & Design, Donauwörth
Ilustraciones: Fotoarchiv Müller-Meerkatz
Publicacado en 2012 por
Old & New Publishing
ISBN 13: 978-0-9857524-0-8

El argumento de este libro ha sido revisado
conforme a las relaciones comerciales, las
directivas, y los estándares de la empresa
Amway™, 2011 – BSM#56250
Printed in the United States of America
Impreso en Estados Unidos

SOÑAR O NO SOÑAR

Dr. Peter y Eva Müller-Meerkatz

Para Michi

* 9 de diciembre de 1972   †29 de abril de 1974

que cambió no sólo nuestras vidas sino la de muchos miles más.

Su vida y su muerte tuvieron sentido.

INDICE

En lugar de un prefacio	9
1. ¿Por qué comenzamos?	11
2. Los primeros treinta días (Oeste)	17
3. Nuestra agenda de 1976	51
4. Nuestra línea de patrocinio	71
5. Ocho años: 1977 a1984	85
6. Mi cumpleaños en 1984	113
7. ¡Ahora más que nunca!	127
Fotos	139
8. Nuestro Sistema-ABC	165
9. Los primeros treinta días (Este)	173
10. Nunca se dé por vencido	193
11. Viajes hasta el bosque tropical húmedo y más allá	205
12. Madeira 1991	221
13. Un mundo nuevo y valiente	229
14. Deciocho añes despues (1992-2010)	237
Gracias	248
Comentario Final	250

EN LUGAR DE UN PREFACIO

Queridos niños:

Sin duda, estarán sorprendidos de que el día de hoy les estemos dando este libro como un regalo.

Hace dieciocho años comenzamos nuestro negocio Amway. Sus hermanos y hermanas mayores experimentaron el arranque. Ustedes, los pequeños, crecieron bajo el cuidado y la protección de sus abuelos. Un día, ustedes se preguntarán por qué iniciamos el negocio, por qué invertimos tanto tiempo en él y por qué, en consecuencia, nos vieron tan poco en esa época.

Pueden, por supuesto, preguntar a otros; mas no importa a cuántas personas interroguen, cuántas respuestas obtengan, jamás sabran a través de ellos lo que nosotros pensamos. Incluso nuestras memorias no les darían indicios de lo que sentíamos en aquella época. El tiempo cura muchas heridas. El tiempo decolora los recuerdos.

Por ello hemos optado por escribir este libro siguiendo un estilo diferente: hemos usado documentos y cintas de audio grabadas entonces. Esto nos permite trasmitirles un cuadro completo de nuestras ideas, nuestros sentimientos y emociones, tal y como eran entonces.

Esperamos que entendáis mejor nuestras vidas y nuest-

ras personas. Esperamos que entendáis que lo que hici-Esperamos que entendáis mejor nuestras vidas y nuestras personas. Esperamos que entendáis que lo que hicimos, lo hicimos por vosotros, para darles la oportunidad de una vida mejor.

Estamos orgullosos de la primera generación de nuestros hijos: Birgit, Peter, David y Susan, y estamos convencidos de que la manera en que ahora vivimos juntos les permitirá algún día tomar las riendas de sus propias vidas.

Bäumenheim, 20 de junio de 1994.

Con amor,

Su madre y su padre.

1.
¿POR QUÉ COMENZAMOS?

Eva Müller-Meerkatz

*Cada uno de nosotros tiene una imagen
de lo que quiere ser;
mientras no se torne real, no podrá tener paz.*

Friedrich Rückert

¿Por qué comenzamos? Porque nuestros ingresos siempre eran insuficientes. Con lo que ganábamos no había manera de satisfacer nuestras necesidades. En aquel entonces, teníamos cuatro hijos y vivíamos en un apartamento de un cuarto. El apartamento medía 67m2. Cuando ahora recorro nuestra propiedad, me doy cuenta de que la casa donde recibimos a nuestras visitas es más grande que aquel apartamento donde vivíamos con nuestros hijos.

Cuando conocí a mi esposo, él tenía una imagen muy clara de lo que podía ser nuestra vida juntos. Amábamos soñar. Nos sentábamos e imaginábamos lo que haríamos, lo que tendríamos y estábamos muy entusiasmados por lo que lograríamos. Solíamos decir: ¡Somos capaces de todo y lo lograremos!

Lo primero que propuso mi esposo fue que ambos siguiéramos trabajando en la universidad; nos veríamos con frecuencia, por lo menos en los descansos. Por ello terminamos trabajando en la universidad de Augsburg.

Veíamos entonces que, algún día, tendríamos una casa grande. Yo soñaba con que estuviera rodeada por grandes extensiones de tierra donde hubiera muchos árboles. Tendría grandes puertas y ventanas. Mi esposo prometió que algún día yo sería dueña de todo eso.

También imaginaba que en esa casa tendríamos muchos niños. Muchas personas nos creían locos (y todavía hay quien lo cree) porque yo siempre he querido tener muchos hijos, un equipo completo de fútbol si fuera posible. No hemos completado el equipo de fútbol, pero tenemos en total siete hijos. Algunas veces me siento como si tuviera ocho; el octavo algo mayor, pero muy feliz: mi esposo.

Había algo más que siempre desee: un gran Mercedes. El más grande que hubiera en el mercado. Todo el mundo se reía de mí: está loca, decían. En aquella época, mi esposo ni siquiera tenía un carné para conducir ni sabía nada de coches.

Había un problema: no me entrego afanosamente al trabajo. Más bien perezosa. Me encantan las vacaciones. Siempre me ha gustado tomar el sol, su calor y su brillo, varias veces al año.

Lograr todo esto con nuestros ingresos, procedentes de la universidad, era imposible. Así comenzó la frustración. Podíamos ir de compras a los mostradores, estaban llenos. Había ropa, cosas bonitas, concesionarios de coches maravillosos. Todo estaba disponible, pero desafortunadamente no teníamos el dinero para adquirirlo. En algún momento, nuestra frustración creció y creció. Tratábamos de saber cómo saldríamos adelante. Yo siempre estaba buscando trabajos extras para mi esposo, convencida de que era lo que necesitábamos para aumentar el saldo disponible de nuestra cuenta bancaria. Él, a regañadientes, lo aceptaba y lo hacía. Sin embargo, tan pronto llegaba el dinero, desaparecía. Simplemente, no alcanzaba Llegó el momento en que había que tomar una decisión. La pregunta era si la vida debía continuar de la misma manera. Mis suegros estaban muy entusiasmados con su hijo: estaba a la mitad de un doctorado. Trabajaba en la universidad. Pero, ¿de qué servía el empleo si no podíamos pagar lo que necesitábamos y tendríamos que esperar hasta después de los 65? Para entonces nuestros hijos habrían abandonado el hogar y nosotros estaríamos viviendo todavía en un apartamento de un solo cuarto.

Vimos a nuestro alrededor: ¿Quién conducía los grandes coches? Definitivamente, no eran los empleados. ¿Quién vivía en las grandes casas? No nuestros colegas universitarios, ni los profesores, sino los hombres de negocios. ¿Quién se iba de vacaciones cuando el frío se instalaba en Alemania? Ellos: los empresarios y los que se empleaban a sí mismos. Los empleados eran las pobres almas que pasaban sus vacaciones en sus balcones o en hoteles baratos, pero nunca hacían viajes largos de vacaciones, nunca viajaban en primera clase o se quedaban en hoteles de cinco estrellas.

Así, tomamos la decisión de emplearnos a nosotros mismos, de alguna manera. Era necesario que encontráramos la manera de crear nuestro propio negocio. Tuvimos buenas ideas para lograrlo: por ejemplo, se me ocurrió abrir una tienda de muebles. Todo el mundo necesita muebles. Mi esposo me trajo a la realidad diciéndome:

¿Te has puesto a pensar cuánto capital se necesita para semejante empresa? Luego me preguntó si sabía yo de alguien que pudiera prestarnos esa cantidad de dinero. Fin de la conversación.

Otra idea fue abrir una boutique. Yo no asimilaba del todo la idea. Pero una florería sí, me gustaban las flores. Le dije a mi marido: - Es fácil, abramos una florería. Eso no cuesta mucho dinero. La decoración puede ser sencilla, algunos estanterías. Compraremos las flores frescas cada día.

Mi esposo me aclaró que incluso la más simple de las florerías requiere un capital de arranque de 50,000 marcos[1]. No teníamos esa cantidad.

Nuestra vida casi toma el rumbo equivocado. Casi abandonamos la idea de comenzar nuestro propio negocio debido a la falta de capital para arrancarlo. Sin embargo, nunca se me fue la idea de la cabeza.

Con afán, revisaba los periódicos, el anuncio oportuno: oferta y demanda de trabajos, oportunidades de negocios, una y otra vez, hasta que un día, un pequeño anuncio de particulares capturó mi atención: "¿Interesado en tener su propio negocio en su tiempo libre? Preferentemente parejas." Llamé y me invitaron. Le dije a mi marido: - Hemos buscado durante tanto tiempo… Vayamos y escuchemos lo que tienen que decirnos.

Fuimos y escuchamos. Para nosotros fue la oportunidad de nuestras vidas, la de dejar toda esa basura atrás y de emprender la vida que siempre habíamos soñado.

---

[1] Hoy unos 25,000 € o 35,000 US$; durante la introducción del Euro el 1.1.2002, un marco federal corrospondia a 0.051 € o 0.70 US$.

2.
LOS PRIMEROS TREINTA DÍAS (OESTE)

Dr. Peter y Eva Müller-Meerkatz

Una aventura es el movimiento deliberado, voluntario que nos lleva, fuera de la zona de confort.

James W. Newman

Miremos un momento hacia atrás: para empezar, ¿cómo entramos en contacto con el negocio Amway?

Hasta 1976, mi esposo había trabajado en la universidad de Augsburg. Años antes, cuando nos conocimos, siempre habíamos proclamado que el arte y la ciencia son libres. También habíamos creado una imagen de lo maravillosa que podía ser la vida universitaria y nos parecía muy tentadora.

Después de siete años de vida universitaria, la realidad no encajaba con esa imagen tentadora. En gran medida se había convertido ya en rutina y no quedaba mucha de la libertad que habíamos soñado. Sin embargo, esos años en la universidad no habían logrado una cosa: destruir nuestros sueños, deseos y metas.

Creo que nunca antes en la vida de Amway alguien había luchado tanto por pertenecer al negocio como lo hice yo. Queríamos conocerlo en profundidad y queríamos conocerlo lo mejor posible porque un estudiante americano, que no tenía nada que ver con Amway, nos había dicho:-Tiene buenos productos y algunas personas se han vuelto millonarias gracias a él.

Fuimos entonces a la reunión de información en el hotel Alpenhof. Había una mesa con los productos, cubiertos por una tela. Una vez que estuvimos todos sentados, alguien quito la tela para dejar ver los productos y comenzó a presentarlos. Era invierno, febrero. Yo llevaba unas botas largas, negras y alguien se me acercó y las roció con un producto. En comparación con la otra, brillaba y estaba muy bonita. Después alguien más comenzó una presentación con diapositivas sobre Amway. Cometió el grave error de apagar las luces. Antes de quedarnos a oscuras, había en la sala unas 30 personas. Para cuando las luces se encendieron, sólo quedábamos unos cuantos: el hombre que había hecho la presentación, una mujer que no quería otra cosa que salir de allí y otras dos o tres personas. Mi marido, desesperado también por irse, no podía hacerlo puesto que yo tenía las llaves del coche, y una caminata de 40 kilómetros, con aquel frío, no era una opción factible. Así que tuvo que esperar a que la reunión terminara.

Al final, el hombre que nos había invitado en un principio y que se había quedado, nos entregó un juego de documentos, el Kit de Iniciación, como se llamaba según nos enteramos después. Sin duda, hice las mismas tontas preguntas que cualquiera haría en el inicio: »¿Qué hay de los impuestos? ¿Cómo se relaciona el ingreso por concepto de impuestos con todo esto? ¿Cómo funciona tal o cual cosa?«

La mujer comenzó a inquietarse y a moverse constantemente, y dijo que debido al frío tan intenso había el riesgo de que el camino se congelara. No dejaba de mirarme como diciendo: »¿Qué demonios quiere decir? Si de todas maneras, no llegará muy lejos. ¿Por qué insiste en preguntar sobre los impuestos y otras cosas?«

Por fin, salimos de allí y condujimos a casa. Por la noche, mi esposo y yo revisamos todos los papeles que nos habían entregado. Cuando ahora veo un kit de Amway, lo veo tan diferente del que nos entregaron a nosotros: un sobre color café con algunos folletos, una hoja de papel A4 en la que venía el listados de los precios, un formato para hacer pedidos y una solicitud para ser distribuidor. Esa misma noche, llené la solicitud para comenzar lo que sería mi negocio.

Más adelante, conforme fuimos ganando dinero, se hizo nuestro negocio y actualmente hay veces en que siento que es el negocio de mi esposo. En todo caso, sabíamos que esta »cosa« sólo podía funcionar si lográbamos que los productos se movieran. Por ello, inmediatamente pedimos muchos productos, o por lo menos eso nos parecía. Quizá, en conjunto, sumaron 500 marcos[1], costo que nos parecía muy alto.

Al siguiente día llamamos a nuestro patrocinador y le preguntamos qué debíamos hacer con nuestra solicitud y nuestro pedido. Dijo que pasaría a vernos y así lo hizo. Tomó el pedido, nuestro cheque y la solicitud.

Mucho tiempo después me enteré de que nuestro patrocinador había entrado como vendaval a la oficina de Amway gritando: Acabo de pescar al pez más gordo que he pescado en mi vida.

Con aire triunfal, entregó el pedido y la solicitud. En ese momento, David Crowe sí creía que había pescado al pez más grande que jamás en su vida hubiera pescado. Hoy, quizá no sabe que eso fue justamente lo que hizo.

Tan sólo un año después regresó a los Estados Unidos. Era una de esas personas que había venido con la idea de estar presente desde el arranque y hacer mucho dinero. Pero cuando no resultó de esa manera, regresó a los Estados Unidos. Casi medio año después

[1] Cerca 250 € o 350 US$

vendió su negocio Amway por 35,000 dólares. Para él era mucho dinero y se sentía más contento con pájaro en mano que ciento volando. Treinta y cinco mil dólares por un pedazo de nada en Alemania y unos cuantos distribuidores repartidos aquí y allá era mucho dinero.

Si David Crowe hubiera sabido que Elmer Gibson, a quien le vendió su negocio, gana más tan sólo con el bono Esmeralda alemán que recibe cada año que lo que pagó en aquella ocasión, se sentiría confundido ante las vueltas que da la vida.

Hemos aprendido mucho en el negocio Amway. Hemos aprendido que nada de lo que se obtiene en la vida es gratis. Hemos aprendido que antes de cosechar hay que cultivar, y que el cultivo debe madurar. Es exactamente lo mismo con el negocio Amway: primero se siembra la semilla, espera uno a que ésta germine, riega y deshierba y luego cosecha.

Cuando le dimos nuestra solicitud a David Crowe, no sabíamos cómo funciona el plan marketing de Amway. Sí, habíamos visto los círculos, habíamos visto las cifras. Habíamos escuchado que uno puede hacerse millonario. Sin embargo, no teníamos ni idea de cómo nosotros nos haríamos millonarios.

Algo sí tenía yo claro: ¡Alguien tenía que vender los productos! Nada estaba más claro que eso para mí. Sólo que había un problema: en ese momento yo trabajaba en la universidad, tenía hijos pequeños que debía cuidar y una casa que administrar. Además, yo soy una dama, aunque mucha gente no se dé cuenta, y una dama

simplemente no puede ponerse a vender jabones y detergentes, por muy buenos que sean. ¡Simplemente no es posible! Pero tenía una ventaja: ¡Tenía un marido! Él sería el indicado para hacer la labor de venta. Le dije:
-Mira, es muy sencillo. Tienes colegas en la universidad, puedes hacerlo y lo vas a lograr.

Así lo hizo.

***

Si bien, yo no tenía ni idea sobre los productos que mi esposa había comprado, ella había metido algunos en el maletero del coche e íbamos rumbo a la universidad a trabajar. Se sentó en la cafetería y yo subí al quinto piso a mi área de trabajo.

Una hermosa rubia de Suabia (región en el suroeste de Alemania) estaba en la recepción. Todos la llamaban Pucki y era la secretaria del profesor Gahlen, del grupo de macroeconomía. Me acerqué a ella y le dije:

-Pucki, utilizas maquillaje ¿no es cierto? Algo para los ojos.

-Sí.

-Traigo algunas cosas. ¿Necesitas algo en particular?

-Sí, rímel negro.

Revisé mi lista de precios. Efectivamente, ahí enlistado estaba el rímel negro. Rápidamente le dije:

-En un momento te traigo el rímel negro. Oye, todavía tienes coche ¿no es cierto? Tengo un producto que te encantará. Se llama See Spray. Si lo usas en el parabrisas, no volverás a verlo empañado.

-Me llevo ése también- contestó la señorita Pukaloff.

Corrí a mi coche, volví con los productos y se los entregué a una sonriente Pucki. Ya podía decirle a mi esposa: "He tenido un buen día de ventas".

Al siguiente día, volví a la recepción y encontré a Pucki. Le pregunté:

-Bien, Pucki, ¿te gustaron los productos?

-El rímel se apelmaza y mi coche apesta al limpiador de ventanas que me vendiste.

No mencioné una palabra sobre la garantía de satisfacción que ofrece Amway. Simplemente, salí de ahí. Después de todo éste no era el único departamento con una secretaria. Me dirigí al departamento del profesor Blum. A la entrada estaba sentada una linda jovencita que siempre había sido muy amable conmigo. Me dijo:

-No me diga que viene usted a venderme ese rímel que se apelmaza y el apestoso limpiador de parabrisas.

Me di la vuelta. En el departamento más cercano, el profesor Pfaff. Su secretaria me dijo:

-Ya me enteré. Usted le vendió a Pucki un rímel y un líquido para vidrios que no sirvieron para nada.

Seguí caminando y llegué al último piso con los macroeconomistas. La historia ya se había extendido y me era imposible llegar antes de que se supiera. Recorrí toda la facultad de economía y ciencias sociales, pero todas las secretarias ya conocían la historia de Pucki. Fue la primera vez que experimenté cuan rápido vuelan las malas noticias. ¡Más rápido que las buenas!

A mi regreso, mi esposa me preguntó:
-¿Cómo te fue el día de hoy?
-Recorrí muchos sitios. Así no funciona.
-Bueno, si las secretarias son tan tontas, véndeles a tus colegas, a los asistentes. Lo mejor es ir a la cafetería. Lo único que hacen ahí es estar sentados bebiendo café.

Al siguiente día fui a la cafetería y me senté en una mesa, justo en la entrada. Jamás olvidaré esto. Primero apareció Ede Leiffert. Eduard Leiffert es ahora alcalde de Immenstadt en Allgäu. En aquel momento era asistente en ciencias macroeconómicas. Ede entró y le dije:
-Hola, Ede, toma asiento- se acercó a mi mesa.
-¿Tú te bañas?
-Claro.
-Pues aquí tengo unos jabones maravillosos. Lo primero que te quiero decir es que son transparentes, mira cómo los atraviesa la luz del sol. Lo segundo es que están hechos de glicerina y miel. Mi esposa me dice que el pH de estos jabones es neutro. Vienen tres en un paquete y cuesta 7 marcos con 90 pfennig[1].

Le di el paquete de jabones, él buscó en la bolsa del pantalón y me entregó un billete de diez dólares. Como yo no tenía cambio, fui a la caja de la cafetería a conseguir monedas. La cajera, renuente y con mirada maligna, me dio monedas. Regresé, le di dos marcos a Ede y le dije:
-Me faltan diez pfennig.
-No hay problema.

[1] Cerca 3.95 € o 5.57 US$

Así fue mi primera experiencia con propinas. Siempre me quedé con los veinte centavos. Nadie los reclamaba. Ese día, Kroll, Hardes, Ede Leiffert, Zipp, dos miembros de la facultad de administración de empresas cuyos nombres no recuerdo y el director de la facultad me compraron jabón. Había vendido todos los que llevaba.

Le entregué el dinero a mi esposa, incluyendo las propinas, y Eva me llenó de halagos. Me gustó tanto el juego que intenté reproducirlo al siguiente día. Esta vez con LOC. Ya tenía reservada mi mesa a la entrada de la cafetería. Desafortunadamente, todos mis colegas usaron la otra entrada. Qué raro. Con taza de café en mano, caminé hacia ellos y me senté, pero todos se comportaron de manera diferente esta vez. No podía aparecer ante ellos como si nada con el tema de líquidos limpiadores.

Entonces intenté tácticas sorpresa. Desde mi oficina en el quinto piso, veía el estacionamiento. En eso, pasó Roland Götz, quien tenía un viejo, sucio y golpeado Passat de VW. Cada día le aparecían nuevas abolladuras pues su dueño se las arreglaba para golpearlo antes de salir de cualquier lugar de estacionamiento. Decía, entonces, que el Dr. Roland Götz pasó frente a mis ojos. Bajé corriendo las escaleras, (el elevador me habría llevado más tiempo), y lo intercepté justo cuando trataba de salir del coche, con una caja de productos que le quedó a la altura de los ojos:

-Roland, tu coche es un desastre. Tengo un producto fantástico: Shoe spray. Que no te confunda el nombre. Puedes usarlo en las ruedas de tu coche para que se queden negras y brillantes. Tengo un limpiador de vidrios ideal para todos los cristales de tu coche, por dentro y por fuera, no sólo el exterior de tu parabrisas. Para eso tengo otro producto. Éste es LOC y este spray se llama Zoom. También tengo para ti un detergente en polvo que seguramente necesitarás en tu próxima lavada de ropa. Me debes 30 dólares.

El pagó.

Tenía algunos colegas con los que pasaba mucho tiempo. Llevábamos siete años juntos y funcionábamos como suelen hacerlo lo pequeños grupos. Traté de patrocinarlos a todos. Solía preguntarles:

-¿No les interesa hacer lo que hago yo?

Nunca entendí por qué inmediatamente cambiaban de tema. Yo presentía que todas las secretarias habían conspirado en contra mía y que mis colegas me evitaban. No me atrevía a abordar a un profesor. Le dije a mi esposa:

-Es muy injusto lo que estás haciendo. Ando como gallina sin cabeza tratando de vender jabones. Tú conoces gente a la que le puedes vender jabones.

Se negó rotundamente a aceptar mis argumentos. Así que le dije:

-Oye, yo no tengo familia aquí cerca, tú sí. Todos tus familiares son bávaros de corazón. Tienes siete hermanos, todos con hijos. ¡Seguramente usan y necesitan jabón!

Admitió que estaba yo en lo correcto y tuvo una brillante idea.

-Si voy a vender jabones a mi familia, lo haré con estilo. Iré con mi madre y que ella haga un gran pedido para todos. Puede hacer un solo pedido y después venderlo al resto de la familia. Así nos evitamos el problema de andar cobrando.

El clima era favorable. El siguiente día era el cumpleaños de mi suegra y la familia entera se reuniría en su casa.

Preparamos un pedido de grupo para ella y nos dispusimos a explicarle lo que planeábamos hacer. Eva lo hizo en su inimitable estilo. Le dijo a su madre:

-Acabamos de empezar un negocio. Yo soy tu hija favorita. Seguramente querrás ayudarnos. Son buenos productos que todo el mundo necesita, incluso tus hijos. Productos para el cuidado personal y limpiadores. Son verdaderamente fabulosos y como son concentrados, te harán ahorrar dinero. Pensé en que me dieras un cheque en blanco y yo lo lleno en casa.

Mi suegra es la mujer más positiva que conozco. Tiene absoluta confianza en sus hijos, algo que no alcanzo a entender, pero debe tener sus razones después de cuarenta años de experiencia. Nos dio el cheque en blanco, le entregamos la caja de productos y nos fuimos de la fiesta de cumpleaños en cuanto pudimos. Camino a casa pasamos por un banco, donde llenamos el cheque: 380 DM y lo depositamos.[1] Fue el primer pago importante que recibimos.

Tres días después mi suegra llamó por teléfono:
-Los productos son muy caros, debieron haber-

---
[1] Cerca 190 € o 265 US$

me dicho desde un principio. ¿Ahora qué hago con todo esto? Vengan a recogerlo inmediatamente. Todavía tengo cubetas llenas de jabón líquido, que es mejor de todos modos.

Dijo mucho más, salimos a verla de inmediato. No estábamos dispuestos a devolver dinero arduamente ganado, así que le dijimos: -Amway no ofrecería »garantía de satisfacción o la devolución de su dinero« si no estuviera seguro de que los productos son buenos. Además, deberías probarlos al menos.

Después de dos horas de estar discutiendo, mi suegra conservó los productos y nosotros, los 380 marcos.

Cuando recuerdo nuestros primeros pasos en el negocio Amway, hay algo que me asombra, pero al mismo tiempo lo considero natural: siempre estábamos con buenos ánimos. Camino a casa de mi suegra, estábamos convencidos de que compraría los productos, ¡y esto era sólo el inicio!

Durante el trayecto, comenzamos a planear la fundación de una agrupación para domésticas y amas de casa, junto con un congreso anual en el Salón Weser-Ems en Oldenburg o en el Salón Suabia en Augsburg. Nos favorecía que yo fuese de Oldenburg y mi esposa es de Suabia. La agrupación compraría los productos a precio de distribuidor e incluso cobraríamos cuotas de afiliación a la agrupación, la cual necesitaría un himno: ¡Mantengamos limpia Alemania!, con la misma melodía de "We shall overcome!"

Ideamos letras con la música de canciones populares: "¿Quién toca a mi puerta? Espero que sea mi patrocinador". Teníamos mucho entusiasmo y muy buen ánimo porque hacíamos algo juntos y por primera vez sentíamos que estábamos construyendo nuestro futuro. No nos importaba que nuestras ventas fueran pequeñas, salvo la lograda con mi suegra. Sabíamos que vendrían tiempos mejores. Además, habíamos logrado mucho en sólo ocho días: aislarme de todos mis colegas y enojar a toda mi familia política. Me sorprende que hayamos seguido y me pregunto por qué nos sentíamos tan contentos y de dónde sacamos la energía para creer que, un día, tendríamos éxito.

***

Cuatro días después de haber empezado con el negocio, nuestro patrocinador nos llamó por teléfono: -Habrá una reunión en el Hotel Penta, en Munich, que no se deben perder. Nos vemos ahí a la una.

Entramos a un salón donde había unas cien personas sentadas. A mí me parecía una cantidad gigantesca, inmensa, y el hecho de ver a tantas personas me convenció de que no éramos los únicos lunáticos tratando de echar a andar este negocio. La reunión era una típica reunión de reconocimientos: se estaban entregando los nuevos "pines" y reconociendo los distribuidores en público. Todavía recuerdo la noche en que, revisando la lista de precios, apareció ante mis ojos "Pin por logros", los cuales debían pagarse si querías tenerlos. En aquella época me pregunté: ¿Quién en Alemania sería tan tonto como para querer usar un pin y pagar por el? Los alemanes no son tan tontos, los americanos tal vez, pero los alemanes no.

Más tarde lo vivimos en Munich: dijeron nuestros nombres y fuimos reconocidos al 3%. ¡Nos sentíamos como en un sueño! Fue para nosotros el pin más importante que hemos recibido en nuestra carrera Amway; mucho más importante que el pin de Embajador Corona que recibimos 34 meses después. ¡Incluso el viaje más largo comienza con pequeños pasos!

Nos sucedieron muchas más cosas durante esa reunión. Estaban presentes personas de Canadá, Estados Unidos y Gran Bretaña. Un canadiense, Lee Penner, recibió ese día un pin Rubí. Si acabas de ser reconocido al tres por ciento y de pronto conoces a alguien que maneja un volumen mensual de 30,000 y recibe un pin Rubí,[1] es natural que te sientas impresionado. A decir verdad, yo no tenía ni idea de lo que significaba alcanzar un volumen de 30,000 al mes. Era como si alguien me dijera: "¿Ves esa cosa blanca allá arriba? Es la luna. Tienes que llegar a ella".

Yo me quedé parada, absorta, viendo a Lee Penner como si fuera el Mago de Oz, y pensé: "Si él puede hacerlo, yo también". Jamás he podido mantener la boca cerrada. Es una de mis grandes debilidades, o fortalezas, según como se vea. Así que, en frente de todos los ahí presentes, abrí la boca y le dije:

-Al final del mes, mi esposo y yo seremos distribuidores Plata.

Quizá habría sido posible zafarme de esa situa-

---

[1] En 1976 al volumes de rubi ascendia a 30,000; hoy en dia se sitúa en 20,000 puntos mensuales. El volumen de distrubuidor plata era de 12,000, hoy 10,000.

ción de no haber estado frente a Lee Penner, el distribuidor más exitoso en toda Alemania, el rey de reyes. Me dije a mí misma: "Tienes que hablar con él. Siempre debes hablar con la gente exitosa". Así que me acerqué a Penner y le dije:

-Lee, quisiera hacer una apuesta contigo.

Él me miro como diciendo: »¿Qué quiere esta novata de mí?«

-Te hago la siguiente apuesta- insistí -para fin de año, nuestro volumen de ventas será mayor que el tuyo.

-No suelo hacer apuestas con los que no tienen posibilidades de ganar.

La ira in contenida nos llevó a una brillante idea. Imprimimos lindas invitaciones, alquilamos un salón en el albergue Thorbräu, en Augsburg. Prometimos al propietario que llenaríamos el salón. Prometimos a las camareras grandes ganancias al final de la activada. Nosotros mismos depositamos las invitaciones en los buzones de nuestros colegas en la universidad. Todo el mundo recibió una invitación. Después de una presentación profesional de los productos, los venderíamos como pan caliente. Estaba segura. No podría haber mejor manera.

Amway nos había prestado un proyector de 16mm, una película y una pantalla. Estábamos listos.

A las seis y media estábamos en la posada Thorbräu. Habíamos hecho un excelente trabajo en la presentación de los productos sobre la mesa. Nos había quedado de película. Nerviosos e impacientes, nos sentamos a esperar a que las cosas sucedieran.

A las siete y diez, la puerta se abrió: dos periodistas entraron, se sentaron y permanecieron en silencio. Nosotros continuamos esperando, esperando y esperando. las ocho menos diez, los periodistas se fueron. Evidentemente, no había mucho que pudieran usar para sus notas periodísticas. Justo después de eso, uno de nuestros colegas entró. A las ocho y cuarto, el impresor de las invitaciones también entró. Miré a mi esposo, me regresó la mirada y dijo:

-Seguimos según lo acordado.

Así que hice la presentación oral. El profesor, ahora un catedrático muy exitoso de psicología industrial, autor de muchos libros, abrió el LOC, se lo llevó a la nariz y dijo:

-Apesta.

Fin de la presentación de los productos. Miré al doctor (es decir, mi esposo), él me regresó la mirada y dijo:

-Corre película.

La puse en marcha. He de decir que al final de la película, todos lo que habían empezado a verla seguían ahí. Por lo menos la reacción había sido mejor que la que vi en el hotel Alpenhof. Cierto es que no había tantos que pudieran irse. El doctor añadió:

-Ahora explicaré el plan.

Suficiente para que todos, salvo el impresor, se levantaran y se fueran. Al impresor le dijo:

-Benno, pediremos una cerveza y nos sentaremos a trabajar.

El doctor presentó el plan de marketing y Benno dijo:
-Sé de alguien que seguro le entra.
-Benno, eres un idiota si no le entras tú mismo.
-Bueno, no hay riesgo alguno. Nada puede pasarme- y firmó su solicitud. Incluso se llevó un par de productos a casa. Me sentí aliviada de que nos deshiciéramos aunque fuera de ese poquito. Nuestro éxito estaba realmente muy por debajo de nuestras expectativas.

Benno se fue contento. Habíamos acordado con él reunirnos el sábado para conocer "al que seguro le entraría al negocio". El sábado finalmente llegó y Benno trajo a Bruno Vosseler. Escuchó lo que teníamos que decir y al final dijo:
-En entro.

Cuando evoco esa tarde en la posada Thorbräu, me recuerdo furiosa. Tan enojada estaba que decía: »Esto es increíble. Conocemos a nuestros colegas desde hace años. Nos hemos sentado juntos a compartir momentos y no pueden siquiera retribuir esos momentos y mostrar un poco de interés por lo que ahora hacemos«.

De hecho, fue la mayor decepción que había experimentado en mucho tiempo. Además, había depositado tantas esperanzas en esa reunión, especialmente en cuanto a las ganancias económicas que me permitirían comenzar a crecer. De pronto, todas esas esperanzas se derrumbaron y no aparecía ante mis ojos, ni remotamente, la forma de alcanzar el volumen a final de mes. Era horrible. Esa noche me senté en el salón a llorar y me pregunté: "¿Cómo se supone que funciona esto?" Al siguiente día me levanté y me dije: "De alguna manera, esto tiene que salir adelante". Y así fue. Por la tarde, Benno nos trajo a Bruno Vosseler.

Con frecuencia uno piensa: »Todo fue en vano. Fue horrible, terrible«. Sin embargo, de entre tanta adversidad, algo positivo, mejor de lo que podría esperar, aparece; siempre lo hará.

La línea Vosseler ha estado en el negocio durante más de 18 años. Dos Distribuidores Directos Diamante han salido de ella. Son millones lo que la línea Vosseler ha ganado en esos 18 años, ganancias que han sido constantes durante todo ese tiempo.

Esa noche, nos fijamos como meta 2,000 a 3,000 marcos de ganancias.[1] ¿Qué es mejor? ¿2,000 a 3,000 marcos de ganancia inmediata (el pájaro en mano, por decirlo de alguna manera) que muchos millones con los años?

* * *

A pesar de que no sucedió nada más que la visita de Bruno Vosseler a nuestra casa, seguíamos empeñados en ser distribuidores Plata para el 31 de marzo.

Estábamos convencidos de que debíamos buscar gente que vendiera, y que lo hiciera mejor que nosotros. Alguna vez mi esposa dijo: Cuando vivía en Kühlental, una vez me invitaron a una de esas fiestas de Tupperware. Una mujer llegó con una bolsa llena de envases de plástico y los presentó a todas durante un buen rato. Todavía tengo algunos en mi cocina. Eso funciona. ¿Por qué no habría de funcionar con nuestros cosméticos y

---

[1] Cerca 1,000 a 1,500 € o 1,400 a 2,100 US$

detergentes? ¿Por qué no establecemos un sistema de reuniones a las que invitemos a vecinos y conocidos? Contactemos algunas amas de casa y las invitamos. Llegamos nosotros y presentamos los productos. El ama de casa que organice la reunión e invite a sus amigas recibirá un lápiz labial de obsequio.

Para empezar fuimos a ver a la mujer que había organizado la fiesta Tupperware, le dimos un lápiz labial de regalo y le preguntamos si estaría interesada en ofrecer una fiesta para nosotros. Con desconfianza miró el lápiz labial y dijo: Imposible, yo soy distribuidora de los productos Avon y tengo a mis clientes aquí en el vecindario de modo que simplemente no puedo reunir a mis clientes para presentarles productos de la competencia.

Nos sentimos muy desilusionados. Conocíamos a poca gente en la ciudad, de modo que pusimos anuncios para encontrar a las amas de casa que pudieran organizar la reunión.

Nos anunciamos en el Augsburger Allgemeine, en su edición de la zona norte. Eso nos costó caro: 100 marcos.[1] Nos sentamos a esperar. Ni una persona llamó. Parecía que no había ni un ama de casa interesada en ganar dinero extra.

Por fin, mi esposa dijo: -Cambiaremos de estrategia. Si no podemos encontrar personas a tiempo parcial, busquemos vendedores a tiempo completo. Pueden hacer los recorridos en su propio coche y ofrecer los productos de puerta en puerta. Pondremos un anuncio grande que diga: »Altos ingresos. Trabaja como repre-

---
[1] Cerca 50 € o 70 US$

sentante de ventas«. Los interesados seguramente bloquearán nuestra línea telefónica, entonces: ¿Cómo les presentaremos el negocio? Tiene que ser de una manera profesional, sin usar esos círculos que David Crowe usó ante nosotros. Podrían pensar que se trata de un sistema que funciona como una pirámide y no queremos eso.

Para empezar necesitábamos un salón de presentaciones. Decidimos usar nuestro sótano. Esa misma noche, lo limpiamos y dejamos libre un espacio, que aseamos y pintamos y donde instalamos unos focos y unas repisas.

¡Yo no soy nada abilidososo en los trabajoscaseros! Alguna vez alguien dijo: para cambiar un foco se requieren 41 personas: una que sostenga el foco y cuarenta que den vuelta a la casa.

Colocamos los productos en las repisas y los iluminamos con los varios focos que habíamos instalado. Dejamos una pared libre y completamente blanca. Frente a ella montamos un proyector para mostrar las posibilidades de ingreso en la pared. Lo haríamos con texto, no con círculos, que dijera: Si vende 6,000 DM, su ingreso será del 30% más 15%, más tal y tal.[1] Siguiente transparencia: Pero, si usted vende 6,000 DM[2] y encuentra a alguien que venda la misma cantidad, ganará tal y tal. Siguiente transparencia: Más aún, si usted vende 6,000 DM y consigue a otras cinco personas que vendan cada una esta cantidad... Todo calculado con exactitud.

Así lo haríamos, paso a paso, proyectado en la pared. Cuando terminamos de organizar la sala de

[1] Por aquel entonces se pagaba el 15% de bonificación para un volumen de 6,000.
[2] Cerca 3,000 € o 4,000 US$

proyección, comenzaron las llamadas: »¿Qué es exactamente lo que ustedes ofrecen?« Fuimos lo suficientemente inteligentes para contestar: -Tendrá que venir a visitarnos.

Una persona llamó y dijo: -Soy de Kempten, tengo sólo un brazo y no puedo conducir un coche.

Así que le ofrecí recogerlo en la estación del tren. Mi esposa fue por él, lo trajo a casa y lo condujimos al sótano. Debo añadir que mi cuñado nos había regalado algunas sillas plegables, de segunda mano, con las que habíamos formado un cuadrado de cuatro por cuatro, como si se tratara de un pequeño cine. La idea era que la gente se relajara mientras proyectábamos las transparencias en la pared.

El hombre manco se sentó en la primera hilera, atento a lo que presentábamos y, algo confundido, examinaba los productos que estaban en las repisas. Compró un bote de LOC, se lo puso bajo el brazo y aseveró muy convencido: -Lo intentaré.

Aparentemente, conocía una nueva zona residencial en Landsberg, donde había un gran edificio. Tomaría el ascensor y visitaría cada piso, cada departamento de arriba abajo. Sin duda, eso funcionaría. Lo llevamos de nuevo a la estación, tomó el tren y nunca más volvimos a saber de él.

Otra persona, a quien llevamos hasta el sótano, dijo que sufría de claustrofobia y que no soportaría permanecer ahí, a lo que contesté que si no podía sobreponerse a situaciones de esta naturaleza no tenía el perfil para ser un representante de ventas, por lo que no podíamos considerarlo. Se subió a su coche y se fue.

Al final, utilizamos nuestra presentación para exponer nuestro fantástico negocio a cuatro personas. Salvo el manco, nadie estaba dispuesto a formar parte de él. Nuestra única esperanza era Bruno Vosseler. Venía casi todos los días, llenaba su coche con los productos, se iba y vendía absolutamente todo. Cuando se le terminaba la mercancía, regresaba por más. Eso era lo mejor de nuestra vida en esos momentos.

Había otra persona dispuesta a entrar en el negocio. Había llamado de Schnuttenbach, situada en la frontera norte de Allgäu, junto a una planta nuclear y en donde vivían 700 personas. Vieweg, que así se llamaba la persona, llamó para decir que le interesaba mucho lo que decía el anuncio, y que le gustaría oír más.

-Por supuesto- contestamos nosotros. -Venga y le explicamos.

-No tengo coche- dijo -tendré que ver si mi cuñado está dispuesto a llevarme a Kühlental este fin de semana.

Para entonces, estábamos completamente desmotivados, casi con la certeza de que Vosseler no alcanzaría a sumar a sus ventas los 12,000 puntos faltantes.

Creímos que Vieweg no se presentaría. Así que el sábado dejamos a los niños en casa y nos fuimos a Augsburg, con la promesa de que volveríamos en unas dos o tres horas.

A nuestro regreso, vimos un coche estacionado

frente a nuestra casa.

-¡Dios mío! Sí se presentó- exclamó mi esposa.
-¿Qué habrán hecho los niños?

Entramos rápidamente a la casa y, en lugar de estar en el sótano, dos hombres estaban sentados a la mesa, tomando café. Nuestros hijos, acostados en la alfombra a cinco metros de ellos, les habían preparado café y les habían dicho que tendrían que esperar. Así que los dos estaban pacientemente esperando. Le dije a mi esposa: -Es demasiado tarde ahora, no es pertinente interrumpirles el café y conducirlos al sótano. Trataré de usar esos estúpidos círculos.

Me senté y le dije: -Sr. Vieweg, mire esto. Éste es usted. ¿Puede imaginarse a sí mismo vendiendo mercancía por 500 marcos?[1]

-Por supuesto. Siempre he trabajado duro y además soy parte del consejo directivo municipal.

-¿Entonces puedo suponer que conoce a mucha gente y que puede encontrar a alguien interesado en ganar dinero?

-Sí- contestó él.

Entonces tracé una línea desde el círculo y dibujé un segundo círculo: -Entonces éste es su A.

Al final, le pregunté: -¿Le gusta?

-Sí.

-¿Está interesado entonces?

-Sí.

-Entonces podemos darle un kit de iniciación.

Él se mostró apenado y respondió:

-Verá, mi esposa se oponía rotundamente a que yo

---
[1] Cerca 250 € o 350 US$

viniera con ustedes para conocer este negocio. Por ello sacó todo el dinero de mi cartera para así evitar que me involucrara en una tontería.

-Quizá su cuñado tenga dinero...

-Lo mismo hizo su esposa con él.

Busqué con la mirada los ojos de mi esposa y vi que, casi imperceptiblemente, asentía con la cabeza, así que agregué: -Está bien, Sr. Vieweg. Haremos esto. Usted está verdaderamente interesado en entrar en el negocio, ¿no es cierto?

-Sí.

-No solemos entregar los productos así sin más, pero nos interesa que usted tenga un buen comienzo. En esta caja tiene algunos de los productos. Lléveselos y pruébelos el fin de semana. Nosotros iremos a su casa el lunes, a las seis de la tarde, para recoger el pago por ellos, si le gustaron; si no, nos los devuelve.

-Ésa es una buena idea.

Bebimos más café, le dimos al Sr. Vieweg su caja con productos -su cuñado no quiso llevarse ninguno- y los despedimos en la puerta.

El fin de semana fue terrible. Mi esposa dijo: -Esto no funcionará. Seguramente no va a conservar los productos.

Sin embargo, nos animamos el uno al otro y nos preparamos para lo que vendría. Eva dijo: -El lunes vamos en coche a recoger los productos. Su esposa debe ser un ogro si es capaz de quitarle todo el dinero de su cartera. Yo jamás te he hecho eso a ti.

Nos preparamos todo el fin de semana para lo inevitable. El lunes conducimos 50 kilómetros a Schnuttenbach. Salimos a las cuatro treinta previendo el tránsito de la hora pico. Schnuttenbach, justo a mano derecha de la planta nuclear, resultó ser un pintoresco pueblito. Encontramos la casa del Sr. Vieweg sin problema alguno.

-Bájate y recoge los productos. Te espero con el motor encendido- le dije a mi esposa.

Ella me devolvió una mirada castigadora, abrió la portezuela y caminó hacia la puerta. La banqueta era muy estrecha de manera que yo podía escuchar cada palabra que se dijera. Tocó el timbre y la puerta se abrió. Una mujer apareció en el umbral: -¡Usted debe ser la mujer de los productos buenos! Pase, por favor.

Apagué el motor del coche y me apresuré a alcanzarlas. El señor y la señora Vieweg y mi esposa ya entablaban una animada conversación sobre los productos cuando yo aparecí. Eva miraba un calentador de aceite -de los que se llenan a mano, como antes solía hacerse- mientras el matrimonio le explicaba que había una mancha de aceite en la alfombra que no había desaparecido con nada de lo que habían probado en los dos años anteriores, pero que con uno de los fantásticos productos que les habíamos dado, habían logrado sacarla.

No podíamos dar crédito. Observábamos sorprendidos el calentador de aceite y acertamos a preguntarles si conocían a más personas en el pueblo que pudieran estar interesadas en estos productos tan buenos. Al unísono contestaron que sí.

-Pues entonces deben equiparse con suficientes.

-No tenemos tanto dinero. No podemos comprar muchos de una vez.

-Entonces les sugiero lo siguiente- dijo mi esposa -tenemos en el coche tres de las cajas que ya conocen, mismas que podemos dejarles. No es necesario que las paguen ahora. Ustedes conocen a mucha gente en el pueblo. Sr. Vieweg, nos dijo que forma parte del consejo directivo municipal ¿cierto?

-Así es.

-Entonces lleven esta caja a algún vecino y díganle que pruebe los productos por un día. Al día siguiente lo visitan otra vez para cobrar lo que quiera quedarse, si le gustaron, o para recogerlos, si no fueron de su agrado. Le pueden decir que si se queda con la caja entera, recibirá gratis una crema para manos Allano. Déme su mano para que la conozca.

-El buen Dios mismo le dio a usted esa magnífica idea- terminó diciendo el señor Vieweg.

-Peter- me dijo mi esposa -¿podrías ir a buscar esas tres cajas?

Salí corriendo y regresé con las tres cajas.

-¿Con quién irán primero?- pregunté yo. El señor Vieweg se soltó diciendo una larga lista de nombres. Eva dijo:

-Muy bien, señor Vieweg, nosotros vendremos a Schnuttenbach cada tercer día y calcularemos la cantidad vendida, además de reponerle la mercancía. Llamaremos antes de salir para que nos diga qué productos y cuántos necesita.

Para no hacerles el cuento largo, el señor Vieweg pasó todo el mes de marzo recorriendo Schnuttenbach. Prácticamente surtió de productos todos los hogares del pueblo. Comenzó con tres cajas, luego nos pidió seis, después ocho, más tarde diez cajas, mismas que nosotros le entregábamos cada tercer día. El señor Vieweg se las arregló para vender la cantidad de 5,000 marcos[1] sólo en Schnuttenbach. En un pequeño pueblo de 700 almas logró lo que nunca antes se había logrado en otro sitio: ¡alcanzar una ganancia del 70%! Gracias a que trabajó muy duro.

***

Al evocar todo esto me sorprende lo fácil que fue alcanzar un volumen de 17000 puntos con 13 distribuidores en ese mes de marzo de 1976. Amway Alemania tiene una presentación con diapositivas titulada Quince años con Amway. Se presentó por primera vez en el Congreso de 1990. En ella aparecemos nosotros, nuestros hijos como eran entonces: David en el medio, Susan un poco más pequeña y Peter un poco mayor. Ahora son adultos. Y lo más importante: estas transparencias presentan algunas cifras.

1977 fue el año en que emergió el primer Distribuidor Directo Diamante en Alemania. Fuimos nosotros: Müller-Meerkatz. La organización incluía a 4000 distribuidores, 300 de los cuales eran Distribuidores Directos.[2] Se necesitaban trece distribuidores para crear un volumen DD (y aparece una vez más el número trece). En aquella época, eso era normal. Todavía lo es, si

---

[1] Cerca 2,500 € o 3,500 US$

[2] La denominación "distribuidor directo" o "DD" ha sido sustituida por "Platino". Un distribuidor directo de categoria diamante es a patir de ahora sencillamente un "Diamante".

uno tiene la intención de hacer el negocio como se debe. Para nosotros, esto significaba: Productos. Nunca vendimos a nadie "papel", ni el kit de Amway, ni los folletos, a menos que ya se le hubiera abastecido suficientemente de productos. Nos parecía fundamental que todo aquél que quisiera conocer a fondo el negocio, debía tener sus productos.

Nosotros solíamos hablar y tomar café con la gente que venía a vernos y levantaba un pedido. Hablábamos mucho, mucho tiempo; tomábamos tazas y tazas de café. Recuerdo lo que resultó de aquello: todos nuestros grupos y la organización entera eran círculos bien cohesionados. Conocíamos a todo el mundo. Paradójicamente, de esos primeros trece distribuidores Amway que teníamos en aquella época, apenas uno sobrevive. Vieweg no continuó, el impresor Benno abandonó el negocio; la mayoría ha desistido. Sin embargo, debido a que conocíamos a todos en el grupo, seguimos trabajando con el segundo nivel y luego con el patrocinado por él. Aprendimos a pensar en "patas" casi automáticamente.

De casi todos esos trece se originó una línea de Distribuidor Directo que todavía existe. En esa línea, en algún punto, hay un Diamante, ya sea en la generación 14 o en la 15 o en la 16. Esto sólo fue posible gracias a nuestro continuo contacto con todo el grupo.

Marzo estaba por finalizar cuando alguien llamado Zenetti y su pareja, la señora Knupfer, nos contactaron. Vinieron a la casa un día en que mi marido no estaba así que comencé a dibujar los círculos y el señor Zenetti exclamó:

-¡Oye, esto se parece a Golden Products! (Productos Dorados)! Siempre he buscado algo como esto.

Yo no tenía ni la más remota idea de qué eran Golden Productos, quizá era mejor así, de modo que añadí: -Me da gusto que por fin encuentre lo que siempre ha estado buscando.

Llenamos su solicitud, recibió sus productos y se fue muy contento. El grupo Zenetti-Knupfer creció y creció. En julio alcanzó el 15%, estábamos sorprendidos. Otro grupo con 15%. Un miembro con 15% es siempre un rayo de esperanza. Uno no puede esperar para que al siguiente mes se convierta en un Productor Plata y así tener otra línea al 21%, una más.

Desafortunadamente, el mes de agosto trajo algo inesperado: Amway envió una circular a todos sus distribuidores en la que anunciaba que a partir del 1 de septiembre cada uno era responsable de su propia declaración de impuestos y además era necesario que cada uno declarara el IVA. Además, se anunciaba un aumento en los precios del 20 por ciento.

»Los productos ya son de por sí demasiado caros«, escuchaba yo con frecuencia. Y ahora aparecía este aumento en los precios con los impuestos como cereza en el pastel. Éste sería el fin para muchos.

Nuestro amigo Zenetti reaccionó rápidamente. Fue a ver a todos sus distribuidores, 20 en total, y a todos les recogió sus credenciales como distribuidores. Fue a vernos y nos dijo: -Ninguno de nosotros sigue en el negocio, que ha dejado de serlo desde ahora. Primero que nada: a nadie le interesa pagar impuestos. Segundo: los productos ya son caros de por sí. ¡No pueden tratarnos de esta manera!

Mi esposo y yo no sabíamos qué hacer. Había algo positivo: catorce días antes de esta crisis, el señor Zenetti y la señora Knupfer se habían ido de vacaciones y nosotros nos habíamos quedado al frente de sus grupos durante su ausencia. Habíamos logrado establecer un contacto muy cercano con una pareja joven, simpática: Willi y Anne Lechner. Cuando el señor Zenetti se acercó a ellos para pedirles las credenciales, se habían negado a entregarlas: -Queremos seguir intentando- fue su respuesta.

Algo más: dos días antes a sus vacaciones, el señor Zenetti había patrocinado a otra pareja llamada Holzapfel. Cuando Zenetti llegó a recoger sus credenciales, éstas, gracias a Dios, todavía no les habían sido entregadas, así que no se las pudo quitar. Yo llamé a los Holzapfel y me dijeron: -Estamos empezando. ¿Podemos intentarlo un mes más?

Me dio tanto gusto que quisieran intentarlo un mes más. Lo que resultó de lo que les acabo de contar fue que, con el tiempo, Willi y Anne Lechner llegaron a ser distribuidores Esmeralda y la familia Holzapfel llegó a ser Distribuidor Directo. Pero esto no es todo.

Hacia finales de 1976, nos mudamos de Kühlental a Kissing. A mediados del verano del siguiente año,

alguien llamó a nuestra puerta. Se trataba de un agradable joven. Minutos después él mismo nos dijo que era un verdadero alivio habernos encontrado: la esposa de este joven, enamorada del See Spray, lo había mandado a averiguar dónde podían encontrar el producto, que alguna vez había comprado del hermano de Zenetti. Como el See Spray es muy rendidor, la mujer había tardado casi un año en terminárselo. Ahora que ya se le había agotado, estaba limpiando sus ventanas y vidrio en general con algún producto que antaño usaba, pero esto la tenía muy insatisfecha. Así que mandó a su marido en expedición a encontrar el See Spray. Fue a ver al hermano de Zenetti, quien originalmente se lo había vendido, mas le dijo que ya no vendía los productos.
-Me salí del negocio hace un año, pero mi hermano sabe quién sí lo vende, los »MM«, creo que así les dicen. Puede conseguirle la dirección.

Así lo hizo, de modo que el señor Lippert fue en coche hasta Kühlental sólo para descubrir que ya nos habíamos mudado. Realmente este señor Lippert debió haber considerado mucho a su esposa pues incluso fue a ver al alcalde de Kühlental con tal de conseguir nuestra nueva dirección en Kissing. Así fue como llegó a nuestra puerta. Le ofrecimos café y le dijimos: -Señor Lippert, ha pasado por tantos obstáculos para conseguir su See Spray. Imagine que tenga que volver a pasar por todo esto, que nosotros nos salgamos del negocio o cualquier otra cosa. ¿Qué haría? ¿A dónde iría? ¿No cree que sería mejor que, además de llevarse su caja de See Spray, llenara esta solicitud? Así, siempre tendrá la posibilidad de pedir directamente a Amway sus productos y no depender de nadie.

Le gustó la idea y así lo hizo. ¡Me hubieran visto entonces! Comencé a llamar a los Lippert, una y otra vez. Muchas veces les dije que debían traer gente a nuestra reunión abierta. Por primera vez, nuestros esfuerzos dieron fruto. El señor Lippert se sentó en su bar de costumbre en Buchloe, Allgäu, acorralando a un hombre contra una esquina, y debió haberle hablado incansablemente, pues éste, quizá más porque se quería ir a casa, por fin dijo: -Está bien, iré mañana a Kissing contigo.

Lippert era hábil. Le dije: -Péscalo. Llévalo en tu propio coche, o no irá. Tienes que lograr que vaya a Kissing.

Y Lippert lo logró. Además trajo a Gabi y Michael Strachowitz, quienes en 1982 llegaron a ser tercer Embajador Corona de Amway.

Pero la historia no termina ahí. Teníamos un pequeño anuncio en el supermercado local en Kissing con el que estábamos buscando una empleada doméstica. Teníamos otro anuncio con el que buscábamos un socio. Un día, una mujer joven se presentó en nuestra casa. Como dato curioso, seseaba.
-¿Qué clase de negocio es ése? No me interesa ser empleada doméstica ni me interesa vender cosméticos, pero sí me gusta la idea de vender productos de limpieza.

-Bueno- le dije, -no tiene que vender cosméticos a fuerza. Está bien si vende sólo detergentes.

Pero en algùn momento nos dimos cuenta de que debia manejar más volumen de ventas así que le propusimos vender baterías de cocina: -Invite a algunas personas a su casa. Nosotros iremos y cocinaremos.

Así lo hizo, y en esta fiesta mi esposo conoció a un hombre con quien simpatizó mucho. Harry Abraham era su nombre. Después de la presentación, mi marido le dijo: -Se necesita ser un tonto para no llenar esta solicitud, si de todas maneras vas a comprar la batería. Obtendrás un 30% de descuento y si encuentras a otra persona que también compre la batería, podrás incluso ganar dinero.

Seis meses después, Harry Abraham de Traunstein era un Productor Plata. Naturalmente, conocimos a su esposa y, créanlo o no, la mujer era hermana de Zenetti. ¿Acaso Zenetti no pudo haber patrocinado a su cuñado él mismo?

Cuando pienso en esta historia, la historia de Zenetti, me pregunto: ¿Qué pasa en la mente de las personas? ¿Por qué Zenetti desechó la oportunidad de su vida cuando se le presentó un pequeño detalle? Ahora trabaja 40 horas a la semana, 48 semanas al año ¿y cuánto gana?

Si tan sólo hubiera mantenido cerrada la boca en ese entonces, si tan sólo hubiera dejado a los otros en paz, entonces ahora tendría una organización con la línea Strachowitz, con un Embajador Corona; la línea Lechner, con un Esmeralda; la línea Holzapfel, Rubí, y la línea Abraham con un Platino, ya que ésta es la de su cuñado.

Con sólo estas cuatro líneas, Zenetti sería Esmeralda. El bono Esmeralda es, sin duda, más de lo que ahora gana trabajando 40 horas a la semana. ¿Por qué dejó ir ese dinero? Porque se dejó atrapar por pequeños detalles, porque cosas que a la larga mostraron no ser importantes, lo fueron para él en ese momento. Echó a perder la oportunidad de su vida porque puso su atención en pequeños detalles.

En pocas palabras: lamento ver cómo la gente se retira anticipadamente del juego.

3.
NUESTRA AGENDA DE 1976

Eva Müller-Meerkatz

*He aquí, el sembrador salió a sembrar.
Y mientras sembraba, parte de la semilla
cayó junto al camino;
y vinieron las aves y la comieron.
Parte cayó en pedregales, donde no había mucha
tierra; y brotó pronto, porque no tenía profundidad de
tierra; pero salido el sol, se quemó;
y porque no tenía raíz, se secó.
Y parte cayó entre espinos; y los espinos crecieron,
y la ahogaron.
Pero parte cayó en buena tierra, y dio fruto,
cuál a ciento, cuál a sesenta, y cuál a treinta por uno.*

San Mateo 13, 3-8

Nuestra agenda de 1976 pone en evidencia muchas cosas. Puedo ver qué hicimos entonces: pusimos en práctica métodos de trabajo que habían estado olvidados por el paso del tiempo. Me doy cuenta de que del 12 de marzo al 6 de agosto patrocinamos a mucha gente: diez líneas que en pocos meses nos llevaron a alcanzar el nivel de Diamante y después Doble Diamante. Los que nos ayudaron a llegar a Diamante los patrocinamos durante los primeros días y semanas de nuestra actividad en el negocio. El calendario deja ver que durante los primeros 90 días se llevaron a cabo muchas reuniones de patrocinio. Las de importancia son las que tuvieron efectos a largo plazo.

Si echamos un vistazo a las páginas siguientes a esos 90 días, queda bastante claro cómo fue que esas 10 líneas nos llevaron a Diamante. Lo diré en términos llanos: porque nunca descansamos, porque no nos sentamos a esperar qué sería de los nuevos patrocinados, sino porque hicimos el mismo trabajo una y otra vez. Puedo recordar explosiones de enojo de algunos distribuidores cuando venían a vernos:

-¿Qué ustedes dos no descansan? ¡Cada vez que venimos a verlos, tienen en marcha una reunión para patrocinar a un grupo de gente!

Era natural que estuvieran enojados, pero sólo por corto tiempo, pues en su regreso a casa, una idea no los dejaría en paz: »¡Si ellos pueden hacerlo, yo también puedo hacerlo!«

Dando un buen ejemplo, trabajando continuamente con la certeza de que nuestros socios pueden lograr lo mismo que nosotros hemos logrado, esas seis líneas llegaron al 21% algunos meses después.

Voy a empezar con lo que anote en nuestra agenda el 3 de marzo de 1976. A las siete treinta está anotado: »Vieweg viene«, lo cual debió haber ocurrido antes de que se fuera a trabajar. La historia de los Vieweg continúa a lo largo de la agenda.[1]

A las tres de la tarde: »Fiesta de productos en Kühlental«. De no haber revisado la agenda, habría olvidado todo lo que hicimos durante nuestra primera semana de actividad con Amway. A lo largo de esta primera semana ya habíamos invitado a toda la ciudad: vecinos, amigos, todo aquél con quien teníamos algún contacto, por remoto que fuera. Seguramente la presentación de los productos no funcionó porque no hay anotados ingresos en ese día. Quizá los asistentes se mostraron escépticos, los productos les parecieron caros o quizá nosotros todavía no estábamos convencidos del todo, pero eso no fue importante para nosotros.

A las seis de la tarde está marcada otra reunión: »Schuh. Recoger productos«. Seguramente los productos se vendieron y alguien los recogió.

El 4 de marzo hay dos reuniones anotadas: a las siete de la noche: »Fiesta en casa de Hardy« y, más importante todavía, »Diez invitados. Diez 'tote trays«. Una 'tote tray' era lo que es ahora una caja portátil con productos,

---
[1] Comp. cap. "Los primeros treinta días (Oeste)."

incluía 10 a 12 de ellos y el término lo invento nuestro patrocinador.

Ahora leo una reunión que sin duda fue importante para nuestro arranque. A las ocho de la noche: »Holiday Inn«. Esa reunión la organizó nuestro patrocinador. Una reunión en un hotel, auspiciada por Amway; el plan de marketing lo presentaria el gerente de Ventas de entonces: Norbert Ziesche. Jamás olvidaré esa noche.

Norbert Ziesche había llegado del norte de Alemania conduciendo. El día anterior había estado en Düsseldorf para presentar el plan. Llegó al Holiday Inn, seguido por nosotros. Lo primero que le dije fue:

-Sabe, señor Ziesche, su manera de presentar el negocio no funciona.

Imagínense ustedes: Llevábamos en el negocio sólo cuatro días. Está presente el gerente de marketing, que ha estado en el negocio por más de seis meses, y frente a él está una novata total diciéndole: »Ha estado haciendo las cosas mal«.

Debo decir algo a favor del señor Norbert Ziesche: no discutió conmigo, sólo respondió:

-¿Qué sugiere usted? ¿Cómo le gustaría que se hiciera?

-Bueno, estuvo bien lo que hizo en el hotel Alpenhof, pero debe cambiar el orden de la secuencia. En aquella ocasión, comenzó mostrando los productos, luego explicó el plan y después presentó las diapositivas. Cuando éstas terminaron, todo el auditorio ya se había ido. Intentémoslo al revés: comience con las diapositivas, siga con la presentación del plan y termine con los productos.

A partir del 4 de marzo de 1976, en toda Alemania se presentó primero el plan y se terminó con los productos. Quizá fue sólo mi imaginación, pero la idea se me metió en la cabeza: estaba segura de que eso daría buenos resultados. La reunión organizada en el Holiday Inn de Augsburg fue la primera reunión para auspiciar adonde invitamos a todo aquél que conocíamos.

Si seguimos unas páginas más, vemos listas de prospectos entre los cuales hay personas a las que definitivamente queríamos presentarles el negocio.

Cuando nos mostraron el plan y decidimos firmar la solicitud, no teníamos idea de a quién patrocinaríamos, ni de quién sí funcionaría en el negocio ni quién no. Sólo sabíamos una cosa: que encontraríamos a suficientes personas interesadas en involucrarse con el negocio. Hasta hoy, nunca hemos tenido problemas para encontrar a gente a quien auspiciar. Nos lo metimos en la cabeza y así ha sido.

Siempre tomamos como punto de partida patrocinar a alguien y siempre se nos ocurría un nombre. Todo depende de la determinación: si quieres que tu negocio crezca y prospere, siempre encontrarás a gente con la que lograrás eso.

Echemos un vistazo al lunes 8 de marzo. Aparece otra vez el famoso señor Vieweg: »Vieweg, Schnuttenbach. 10 'tote trays'«. De manera que nuestro querido señor Vieweg recibió sus diez primeras cajas esemismo día. Sigo a marzo 9: »Universidad, Feuerstack, 9 en punto«.

En esas fechas, la universidad seguía siendo nuestro principal trabajo y sabíamos que a esa hora no habría mucha actividad, por lo que podíamos hablar con Feuerstack sin ser interrumpidos.

A la hora del almuerzo hicimos una reunión con Hardy Klink, en un hotel en Augsburg. Hardy tenía intenciones de llenar el lugar. Nosotros debíamos llevar 10 »tote trays«. Al lado de la reunión, Garabateé: »¡Flop!« Aprendimos entonces que las reuniones de patrocinio en hoteles no eran la mejor manera de actuar, pero no tuvo mucha importancia. Sí la tuvo en cambio otra reunión, la de las 8 de la noche: »Maier«. Otra vez: »¡Flop!«. No nos importó. Después de todo teníamos suficientes reuniones anotadas.

Revisando las páginas que van del 3 al 9 de marzo salta una característica: en nuestra primera semana ya habíamos distribuido 30 cajas a socios del negocio, sin contar aquéllas que nosotros personalmente habíamos entregado a clientes. Recuerdo que una vez tuvimos que ir a Munich a abastecernos de productos. Después de todo, 30 »tote trays« eran dos y media cajas de cada producto. Llego al 10 de marzo y encuentro ahí: »Fiesta de ventas con Klink«. Es obvio que ya estábamos ofreciendo reuniones sociales para dar a conocer y vender los productos con nuestro socio Hardy Klink. He llegado al 12 de marzo. A las 11 de la mañana de ese día, una familia llamada Aschbacher vino a Kühlental a vernos.

Poco después, esta familia patrocinó a otra llamada Seyfried, quien ahora es Doble Diamante. Seyfried es patrocinador de Walter Braun, quien a su vez es Doble Diamante. Seyfried es patrocinador de Max y Marianne Schwarz, quienes son ahora Embajador Corona. Es verdaderamente sorprendente lo que comenzó ese doce de marzo, a las once en punto.

Sigo hojeando y veo reuniones y más reuniones y más reuniones. Llego al sábado 27 de marzo, a las diez treinta de la mañana: »Knupfer«. ¿Quién era Knupfer? La señora Knupfer fue la mujer que vino con el señor Zenetti, quien nos dijo: »Siempre he estado buscando algo como esto« y también »Siempre he estado buscando algo como 'Golden Products'«. Zenetti fue un fenómeno. En el primer mes alcanzó 9%. A los dos les ayudamos a patrocinar continuamente. Iban sorprendentemente bien. Zenetti fue también quien quitó a todos sus distribuidores sus credenciales Amway. A nosotros nos dio 15 de ellas en total. Había desaparecido un grupo completo que estaba al 15 %.[1] Pero, ¿qué resultó de todo eso?

Llego al 28 de abril y encuentro: »Disertación, 11 en punto, salón 010«. El examen de doctorado de mi esposo se llevó a cabo ese día. ¡Eso era de presumirse en la Universidad de Augsburg! Mi esposo había sido el

---
[1] Comp. cap. "Los primeros treinta días (Oeste)"

primero de su departamento en entregar su tesis. Fue uno de los primeros en la Universidad de Augsburg en recibir su grado de doctorado. Precisamente ese día, el 28 de abril, »Knupfer« está escrito con lápiz en el renglón de las 17:30. Ese fue el día en que invitamos al señor Zenetti y a la señora Knupfer, junto con Willi y Anne Lechner. Willi llegó solo. Después de oír el plan, le llamó a Anne y le dijo:

-Realmente quiero hacer esto.

-Si estás seguro de que quieres hacerlo, pues hazlo- contestó su esposa.

-Ya verá Anne. ¡Por primera vez en mi vida quiero decidir qué hago con mi vida!

Aunque no sé qué sucedió esa noche cuando llegó a casa y le confesó a su esposa que había firmado la solicitud, sé que cuando Willi hizo tratos con los Knupfer, el reloj de péndulo sonó, aun cuando no marcaba ni media hora ni hora completa. Esa noche tembló en Friaul. Incluso Augsburg se vio severamente afectada por el temblor; nuestro reloj de péndulo también sonó y nuestro candil se balanceaba. Imaginen: alguien está firmando una solicitud y al mismo tiempo ¡nuestro reloj de péndulo suena y nuestro candil se balancea! Jamás olvidaremos esa reunión. ¿Qué resultó de todas estas reuniones con Zenetti?

Un Lechner calificado como Esmeralda. Un año después, el señor Lippert, el que vino buscando su See Spray, apareció. Este señor Lippert consiguió su See Spray y patrocinó a Gabi y Michael Strachowitz, quienes en 1982 alcanzaron el nivel Embajador Corona.

En conclusión: ¿debemos lamentar que el señor Zenetti haya abandonado el negocio?

Voy a regresar a las páginas de marzo de 1976. En algún momento de marzo, una familia de apellido Vosseler se integró al negocio, fue antes del primero de abril, día en que cumple años mi esposo. Desde el día en que empezamos en el negocio Amway hasta ahora, mi esposo ha pasado todos sus cumpleaños en un »open«, en un seminario o en alguna sesión de formación. Recuerdo el primero de abril de 1976. Ese día fuimos en coche a Stuttgart con Bruno Vosseler, quien conocía gente en la ciudad. Pasamos el día entero con él, haciendo presentaciones. No sé con exactitud qué resultó de todo ello, pero eso no es lo importante, sino el hecho de que ¡teníamos reuniones todo el día!

Repaso nuestro primer mes. Al final tenemos a los Aschbacher, a Hardy Klink, a Vosseler y a varias líneas Zenetti como Distribuidores Directos. Se fundaron más de cinco líneas durante el primer mes de actividad Amway.

Llego al 5 de abril, ocho de la noche. Está anotado el nombre de »Mick McKenna«. Este hombre llegó a nosotros el 5 de abril y lo patrocinamos. Más tarde se convirtió en nuestro Distribuidor Directo número veinte. Es extraño de verdad. Aunque Mick McKenna había llenado su solicitud y nos visitaba regularmente nunca se metió de lleno en el negocio. Cuando llegamos a Diamante, le dije:

-¿No quieres empezar a trabajar en serio dentro delnegocio? Ya has estado en él por mucho tiempo.

-Está bien, un día llegaré a ser su Distribuidor Directo número veinte.

»Su Distribuidor Directo número 20« lo cual significaba para Mick: »empezaré dentro de 35 años o algo así«. No podía imaginar que llegaríamos a 20 Distribuidores Directos en tan poco tiempo.

Lo recuerdo bien. Cuando llegamos a ser Doble Diamante, le dije a Mick:

-Mick, siempre me has dicho que llegarías a ser nuestro DD número 20. El tiempo se acaba. En dos meses nosotros habremos alcanzado esos 20 distribuidores directos. O cumples tu promesa o habrás estado mintiendo durante los últimos dos años.

Mick McKenna efectivamente llegó a ser nuestro vigésimo DD, habiendo sido patrocinado el 5 de abril de 1976.

Llego ahora al 27 de abril, un día antes de que Willi Lechner fuera patrocinado. Ese día está asentado: »Müller y esposa, Königsbrunn«. Müller comenzó con el negocio Amway, pero más tarde lo abandonó. Sin embargo, nos dejó una herencia: cuando estaba todavía activo, traía personas al open o bien íbamos a Königsbrunn para dar el plan. Así, conocimos a la familia Spatz.

En nuestra primera reunión, el señor Spatz se quejó: -Si el flujo de ventas de los productos no mejora, entonces regresaré mi kit de iniciación.

Me dije a mí misma: »Si ésa es su actitud, este

hombre no funcionará. Seguiremos buscando.«

Seguimos buscando y encontramos a una familia apellidada Förg, que formaba parte del grupo de Müller. Esta familia había patrocinado al hermano de la señora Förg en Suiza, bajo el nombre de Steiner-Lang. Spatz y Förg llegaron a ser Diamantes en Alemania. Steiner-Lang fue el primero en llegar a Diamante en Suiza. Actualmente, ambas líneas funcionan mejor que nunca.

Llego al 30 de abril. Aparece por primera vez el nombre de »Sommerfeld«. Sommerfeld fue alguien que vino a vernos, le explicamos el plan, llenó su solicitud, recibió sus productos y volvió a los tres días para regresarlos con el argumento de que estaban muy caros. Antes de esto, habíamos organizado una reunión de patrocinio con Sommerfeld para ese mismo día. Para nuestra sorpresa, aunque los productos le habían parecido caros, Sommerfeld había invitado a dos personas interesadas en el negocio para venir a la reunión esa tarde. El plan marketing tuvo una excelente recepción. Las personas se mostraron muy entusiastas y en medio de la euforia, Sommerfeld sale con su comentario:

-Pero ¿saben? No es fácil vender los productos. Su calidad es buena, pero son muy caros.

No es necesario añadir que después de este comentario ya nadie quería entrar en el negocio. Te llevas dos horas presidiendo una presentación para patrocinar, tratando de ayudar a alguien, ¡y él, en un segundo, derrumba todo! A pesar de esto, no nos dimos por vencidos. Un día, Sommerfeld llamó:

-¿Qué hago si alguien de Nuremberg quiere productos?

-¡Perfecto, vamos en este instante a Nuremberg!- contestamos entusiasmados. Así fue como Sommerfeld nos contactó con Hedwig y Merling Sundberg.

Mucha gente no habría conocido Amway si Sommerfeld no hubiera vendido productos a Hedwig y Merlin. En esta ocasión nosotros patrocinamos a los Sundberg. El 30 de abril trajo consigo la fundación de lo que más adelante sería la organización Diamante Sundberg.

Antes del 30 de abril no encuentro una anotación diciendo que Franz y Trudy Langner entraron al negocio. Alcanzaron el nivel Plata en junio de 1976 y pocos años después, Doble Diamantes.

Sigo revisando la agenda y veo reuniones, reuniones y más reuniones. El 14 de julio patrocinamos ala familia Stengel; el 6 de agosto, a Wolfgang Wieder. Poco tiempo después, ambos llegaron a ser Distribuidores Directos.

¿Qué más encontramos en la agenda de 1976? El 22 de abril organizamos el primer »Rally del éxito« de la »Organización Müller-Meerkatz«. Les quiero hablar sobre este rally: a la reunión en el hotel Alpenhof no asistió mucha gente. Sí logramos que toda la familia asistiera: mis padres y mis hermanos y hermanas; así como 30 a 40 personas que habíamos logrado convencer. El salón estaba lleno; nos pareció fantástico.

Nunca olvidaré este día por otra razón: nuestro hijo Peter todavía era un niño, no llegaba a los nueve años. Peter sabía que Amway da »pines« de reconocimiento tras alcanzar ciertos logros. Quería uno, el del 3%. Todavía recuerdo nuestra conversación:

-Peter, si quieres ese »pin«, tendrás que vender productos por 250 DM.[1])

No olvidaré cómo salió con una caja a vender los productos a vecinos, papás y mamás en su escuela. Al principio, funcionó bien. A las dos horas, regresó a casa con 150 DM[2]) en efectivo. Estaba feliz. Yo le dije: -Sigue, todavía no has terminado.

Así que volvió a salir. Regresó a la media hora bañado en lágrimas: Qué horrible era el mundo, qué malos habían sido todos con él, no le habían querido comprar sus productos.

-No te preocupes, Peter- le dije yo. -Intentaremos otra cosa. Le llamaremos a la abuela.

En situaciones como ésta, mi madre siempre es de buena ayuda, tiene un corazón blando. Ahora dile a la abuela por qué necesitas ese dinero. Dile que quieres ese pin esta noche y que tiene que comprar ahora.

Así lo hizo Peter y la abuela compró muy animosa mercancía por más de 70 marcos.[3]) Más todavía no se juntaban los 250 marcos así que le dije: -Lo has hecho muy bien. La abuela ya compró, lo han hecho otros. ¿Por qué te molestas por los que no compran? ¡Olvídalos! Has comprobado que sí se puede.

Peter salió otra vez a la calle con nuevos bríos. Terminó la tarde con ventas superiores a los 400 mar-

---
[1]) Cerca 125 € o 175 $
[2]) Cerca 75 € o 105 $
[3]) Cerca 35 € o 49 $

cos.[1]) La tarde en el Alpenhof ya estaba cerca. Fui al centro comercial Quelle para que le hicieran a Peter una camiseta. En aquellos días vendían camisetas blancas sobre las que se podía adherir texto: Amway en grandes letras, atrás y adelante. Durante la reunión le dimos la camiseta, junto con el »pin«. Se sentía tan orgulloso, parecía un pavo real. Fue una gran reunión.

En la agenda también se puede ver información acerca de los cheques que regularmente recibíamos: »Cheque Amway por 655.33 DM«, »Cheque Amway por 1,175.17 DM «, »Cheque Amway por 755.02 DM«, etcétera.[2])

Como en ese tiempo no teníamos dinero, los pagos están anotados de una manera muy meticulosa. Estábamos tan apretados de dinero entonces que teníamos que depositar los fondos para cubrir cada cheque que expedíamos. A pesar de esto, en todos estos años que hemos estado en el negocio, jamás nos han rebotado un cheque. Nuestra ética siempre nos ha obligado a responder por cada cheque que expedimos. Por ello registrábamos cada cheque que elaborábamos. Una vez que se cobraba, lo anotábamos en nuestra agenda. Así llevábamos nuestra contabilidad. Solo debíamos asegurarnos de que nuestros ingresos cubrieran los gastos. ¡Algunas veces era una carrera contra el tiempo!

Si avanzamos unas páginas, leemos: »Amway, 752 DM[3])«, »Reunión de grupo mayo 13«, »Grupo Aschbacher«. »Aschbacher«… los mismos nombres reaparecen. Ahora debo admitir ante mí misma: real-

---

[1]) Cerca 200 € o 280 $

[2]) 327.67 €, 587.59 € y 377.51 € o 458.73 $, 822.62 $ y 528.51 $

[3]) Cerca 375 € o 525 $

mente rindió trabajar en profundidad.

Encuentro que de vez en cuando hacíamos cheques por cantidades mayores: »10,951.95 DM«. Al siguiente día: »732.10 DM[1])«. De esto podemos deducir que visitábamos Amway todos los días. Manejábamos 100 kilómetros de ida y vuelta, diariamente, ya que no podíamos comprar productos mas allá de los que necesitábamos día tras día. Sabíamos que estábamos obligados a vender todos los productos para respaldar el cheque con que los habíamos pagado.

El 22 de mayo veo la siguiente reunión: Rally, Hotel Penta, Munich. Hay mucho que decir sobre esta actividad. David Crowe, nuestro patrocinador, nos había advertido que no podíamos faltar a esta actividad en Munich. Debíamos llevar a nuestros distribuidores. Seria una reunión fantástica. Nos motivaba mucho, como nunca antes nos habíamos sentido. Ahí estaríamos, a tiempo.

Hasta ahora todo iba bien. Como niños que se portan bien, hacíamos todo lo que nuestro patrocinador nos indicaba. Salimos hacia Munich con algunos de nuestros distribuidores. No eran muchos, pues 100 kilómetros era una larga distancia por recorrer. Nosotros, sin embargo, íbamos gustosos.

Llegamos cinco minutos antes de que comenzara la reunión y David Crowe y su esposa, nerviosos, estaban esperándonos.

-¿Qué pasa?- les dije yo. -Ya estamos aquí.

-Debí haberles dicho previamente cómo se

---

[1] 5,295.98 € y 366.05 € o
7,414.37 $ y 512.47 $

darían las cosas esta tarde- respondió él.

-Nos sentaremos en la parte de atrás y estaremos en silencio.

-No. Hoy serán ustedes oradores.

Llevábamos ocho semanas en el negocio. ¡Íbamos a ser oradores en el Hotel Penta! Seguramente pensaron que tendríamos algo que decir dado que las cosas iban tan bien para nosotros. Debo admitir que David Crowe no se había equivocado cuando nos dijo que sería la reunión más motivadora de todas a las que habíamos asistido.

Estábamos increíblemente motivados. Nos permitieron pronunciar un discurso, a nosotros, en el escenario, en frente de más de 100 personas. Para los »Don Nadie« que éramos entonces eso resultaba abrumador. Al final de la reunión entregaron los reconocimientos. Amway entregó a David Crowe un pin Rubí. Mi esposo y yo observábamos todo de pie y pensamos: »¡Nosotros también merecemos uno!« Sin embargo, no fue así. Le dijimos a David:

-Debe haber un error. No nos dieron un »pin« Rubí.

El sólo contestó:

-No, no pueden recibir un pin Rubí en el segundo mes. Tienen que pasar por el nivel de Distribuidor Directo.[1])

Me enojé tanto. Estaba pálida y pensaba: »Hemos alcanzado un volumen de 30,000 puntos sólo en abril y David sólo tiene 4,000 puntos más que nosotros. Él recibió el »pin« cuando en realidad nosotros hicimos

---

[1]) La cualificación rubí presuponía en 1976 no sílo un volumen de 30,000, sino también tener la cualificación platino. Hoy en día la cualificación rubí está definida de otro modo.

el trabajo.« Así que Amway premiaba a nuestro patrocinador por el volumen de 34,000 a 35,000 puntos. Lo reconocían a él y a nosotros nos dejaba con las manos vacías. Es difícil decir hasta que punto estaba yo iracunda y dije:»Le vamos a demostrar, sí lo haremos. Ya verá el siguiente mes, lo vamos a lograr«. El enojo nunca nos desmotivó. Nos hacía decir:»¡Ahora más que nunca! ¡Ya verán!«.

Hojeando mi agenda, encuentro algo que podría ser interesante. En cada semana hay una lista de cosas para hacer. Escrito a mano, dice:»Buenos deseos, 22.5«.

El 22 de mayo por la noche se llevaría a cabo la actividad en el Hotel Penta. Mi esposo y yo habíamos hecho planes para esa noche y los había titulado »Buenos deseos, 22.5«. Había anotado todas nuestras líneas, asignando una ganancia mínima y otra máxima para cada una. Después hicimos la suma: el volumen mínimo que podíamos alcanzar en el mes de mayo era 22,000; el máximo, si todo iba bien, era 31,500.

Podíamos haber dicho:»Si todo va bien, habremos alcanzado un volumen de Rubí en mayo. Si todo va bien, recibiremos nuestro »pin«. ¿Para que preocuparnos? Si todo sale mal, todavía tenemos un volumen de 22,000. Que más da.« Pero nunca actuamos así. Si se podía, siempre tratábamos de dar un poco más.

Lo recuerdo bien. Salimos de casa de David Crowe a las cinco y media de la mañana, después de una noche entera de interminables discusiones y llegamos a casa de los Aschbacher a las seis de una mañana de domingo. A esa hora tocamos el timbre de su puerta. Los despertamos, naturalmente.

-Abran, tenemos algo fantástico que decirles. Tienen que saberlo. Se los diremos mientras tomamos café.

Nunca me detuve por pensar que se enojarían por despertarlos a esa hora. Tenía algo maravilloso que contarles y no podía esperar.

-Echemos un vistazo a sus distribuidores, a todos. Sabíamos con precisión cuánto vendía cada uno de ellos. Añadí:

-Haremos lo siguiente: Iré a ver a toda mi gente. Ustedes busquen la suya. Todo aquél que duplique su ganancia durante la semana entrante recibirá un regalo.

Fuimos con el siguiente distribuidor, luego el siguiente. Los últimos en visitar fueron Bruno y Erika Vosseler. Llegamos a verlos a las dos y media de la madrugada del lunes. Tampoco con ellos sentimos remordimiento por sacarlos de la cama. Teníamos una meta, sabíamos lo que queríamos.

A todos les dijimos que obtendrían algo muy especial si duplicaban su volumen. Juntos organizaríamos algo fantástico.

El mes de mayo terminaba ocho días después. Nuestros »Buenos deseos, 22.5« para el mes (un mínimo de 22,000 y un máximo de 31,500) se habían quedado atrás. Cerramos el mes de mayo de 1976 con un volumen de 76,000. ¿Buenos deseos? Yo creo que todo está en la mente. Se trata de un juego mental, nada más.

Habíamos calculado un volumen máximo de

8,000 para Langner; 3,000 para Klink; 3,000 para Aschbacher y 8,500 para Vosseler. El 31 de mayo pasamos a ser Perla, y Klink, Aschbacher y Vosseler, Plata. El 31 de mayo alcanzamos el volumen Rubí en beneficio de todo el grupo. ¿Buenos deseos?

Con frecuencia hay debate sobre lo que es posible y lo que no lo es. Me gustaría echar un vistazo al mes de diciembre: la temporada navideña. Siempre se nos ha dicho: No hay movimiento entre Navidad y Año Nuevo. Veamos lo que escribí en mi agenda.

Me sorprende que no esté registrada ninguna presentación del plan. Las columnas están vacías, pero encuentro tres pedidos a Amway por un total de 2,100 DM. Fuimos a recoger los productos a Gräfelfing, el 24 de diciembre. Al siguiente día, en Navidad, debíamos entregar otro pedido 4,701.95 DM.

¿Que nada se mueve en la temporada navideña? Vendíamos todo lo que comprábamos. El 28 de diciembre recogimos productos por 7,335.80 DM. El 30 de diciembre recogimos productos por 8,053.43 DM[1].

¿Que nada se mueve durante la temporada navideña? Desde el día de Navidad hasta el día de Año Nuevo recibimos de parte de Amway producto con un valor total de 22,000 DM[2] y evidentemente no lo teníamos almacenado. ¡No nos podíamos dar ese lujo!

Durante nuestro mejor mes de 1976 nuestro grupo alcanzó un volumen de 200,000 marcos[3]. Este volumen de grupo significaba entonces: nosotros, junto con nu-

---

[1] 1,050 €, 2,350.18 €, 3,667.90 € y 4,267.15 € o
1,470 $, 3,291.37 $, 5,135.06 $ y 5,637.40 $

[2] Cerca 11,000 € o 15,500 $

[3] Cerca 100,000 € o 140,000 $

estros hijos, descargábamos del camión los productos y los metíamos en la casa. Al siguiente día los arrastrábamos otra vez y los metíamos en los coches de nuestros distribuidores[1]). Los productos fluyen siempre y cuando se realice el patrocinio de nuevos socios y se les dé toda la ayuda que necesitan; cuando se entiende que con cada persona que se patrocine, se puede comenzar una nueva línea.

---

[1]) Hoy en día Amway le suministra a cada distribuidor la mercancía directamente en su domicilio. Por aquel entonces había que pedir y recoger la entrega por el "distribuidor directo."

4.
NUESTRA LÍNEA DE PATROCINIO

Dr. Peter Müller-Meerkatz

*Los problemas son oportunidades
en ropa de trabajo.*

Henry J. Kaiser

La corporación »Amway« tiene actualmente más de 50 años de antigüedad, 35 de los cuales, más de la mitad, los he vivido con ella. Durante 50 años, la corporación ha sido un gram ejemplo de solidez y confiabilidad, que pocas veces se encuentra en los negocios o industrias. Sobra decir que no sabíamos nada de esto cuando, en 1976, nos patrocinaron. Para nosotros, Amway fue una oportunidad aparecida por azar, algo que cruzó nuestro camino y nosotros lo tomamos, sin preocuparnos por saber nada más de la historia de la compañía. Después de todo, fuimos muy afortunados.

¿Cuántas compañías tratan de establecerse en el mercado de las ventas directas sin cumplir sus promesas y luego desaparecen? Dejan atrás un terreno consumido y una amarga multitud de agentes, distribuidores, agentes generales, representantes, directores regionales, cual fuere el título que les hayan dado, gente a la que le robaron los frutos de su confianza. En los 35 años que llevo activa he visto a muchas compañías desaparecer sin más.

En estos 35 años he visto a Amway cometer errores. Uno de los más caros fue abrir Amway en Gran Bretaña. Durante más de diez años, Amway Reino Unido no tuvo otra cosa que pérdidas, las cuales llegaron a sumar millones y millones de dólares. Amway hizo todo lo posible por lograr que el mercado británico fuera rentable. Ahora, desde hace un par de años, el mercado británico ha logrado ganancias y es el subsidiario europeo de Amway más antiguo. Ni una sola vez en esos 10 años escuché la mínima sugerencia de que el mercado británico se cerrara. Había distribuidores en esas tierras, comprometidos con el negocio y Amway jamás consideró darles la espalda y abandonarlos.

Supe hace poco que Amway se salvó de un segundo desastre: estaba apunto de abrir en Yugoslavia. Sin embargo, no logró escapar de la situación en Panamá. Recién había empezado Amway Panamá cuando los problemas con Noriega comenzaron. No hubo bancos durante más de dos años; se interrumpió el flujo de dinero de manera que la única vía de pago a los distribuidores era los envíos en efectivo a través de mensajería, y así lo hizo Amway.

Recuerdo que cuando estábamos empezando, estalló en Hawai una huelga nacional, que duró más de un año. No había manera de que un barco descargara en el lugar. La economía se colapsó. Sin embargo, medio año antes de que esto ocurriera, Amway abasteció a sus distribuidores con cientos de miles de dólares en producto. Alquilaron almacenes para asegurar que los distribuidores pudieran continuar sus ventas durante ese periodo de conflictos.

Amway ha hecho todo esto y lo continuará haciendo en el futuro. Para mí, eso es lo que cuenta. Sólo la confianza asegura el crecimiento. En estos 50 años de negocio ha habido altas y bajas. Sin embargo, haciendo un balance, el crecimiento ha sido constante.

Después del cumpleaños diecisiete de la compañía, los »MM« finalmente hicieron su aparición en Alemania. Era el año de 1976. No fuimos los primeros en Alemania. Amway Alemania comenzó en 1975. Nosotros nos incorporamos a principios de 1976. Para entonces ya había 824 distribuidores activos; había distribuidores directos, incluso DD Rubí. A nosotros nos patrocinó un americano: David Crowe. A pesar de que no hablaba una sola palabra en alemán, David Crowe ya había patrocinado a otras personas. Seis meses después, apareció una compañía llamada »Old World«. Decía que era como Amway, pero que mejor. »Old World« le dijo a David Crowe: -Si te unes a nosotros, ¡serás el más grande, serás el mejor y serás el primero!

David Crowe se unió a Old World y ¿qué hizo con su negocio Amway? Lo vendió a su patrocinador en Estados Unidos: Elmer Gibson, vendedor de coches en Henderson, Kentucky. Así, David Crowe se fue y Elmer Gibson tomó su lugar.

Naturalmente, uno se pregunta: ¿qué fue de ese pequeño negocio vendido por David Crowe en 35,000 dólares? Además de nosotros, había otros distribuidores, uno de los cuales se fue a Australia. Así comenzó allí un distribuidor Esmeralda. Otro, un tal Serf, ya no está activo, pero de la línea Serf se originaron los distribuidores Hobrecht y Richter, ambos Esmeraldas, un distribuidor Budrovits, también Esmeralda, y las organizaciones Müller-Mettenau y Deng, ambos DD Diamante. Una gran organización creció en tan sólo quince años.

Debido a que llevábamos la cuenta de Gibson en Alemania, sabemos con precisión cuánto recibe de Amway: cada año, mucho más que esos 35,000 dólares que pagó a Crowe hace más de 30 años.

Elmer Gibson fue patrocinado por Pepper Peppura, un DD Diamante de Luisiana. Pepper Perpura fue patrocinado por los Echol, DD Diamante en Tejas. Los Echol son verdaderos tejanos, por lo menos él lo es. Cuando en 1978 nos invitaron por primera vez a su yate Enterprise, volamos a la costa este de los Estados Unidos. Al siguiente día de que llegamos, los Echol arribaron. Era un soleado día.

Amway debió haber pensado: »Juntemos a los MM con alguien de su propia línea«. Los Echol llegaron en un Cadillac rosa, convertible.

Los Echol, a su vez, se originaron de Dan y Bunny Williams, que eran Embajador Corona de nuestra línea. Una pareja muy agradable. Bunny era una verdadera belleza del Sur: alta, delgada, cabello rubio, muy bien arreglada. Uno podía imaginarla salir de la cinta Lo que el viento se llevó. Dan Williams era diferente. Cuando comenzó con Amway, trabajaba como ingeniero en Dow Chemicals, y había algo que Dan no podía hacer: hablar fluidamente. Su tartamudez se lo impedía.

A pesar de ello, la pareja llegó a ser Embajador Corona, lo cual me sorprende. Trate de explicar el plan de marketing ¡tartamudeando! Incluso ahora es posible darse cuenta de que Dan tartamudea: toma una bocanada de aire, prepara mentalmente todo lo que va a decir y deja salir una cascada de palabras para evitar en lo posible tartamudear. De cualquier forma, logró llegar a ser Embajador Corona.

A los Williams los patrocinó, en 1966, el hermano de Bunny, Bill Campbell, quien vive en Tejas y es triple Diamante. A Campbell lo patrocinó una verdadera leyenda dentro del negocio Amway: la pareja formada por Charlie y Elsie Marsh, que ahora son Embajadores Corona y viven en Florida (nadie sabe dónde exactamente), la mayor parte del tiempo en un yate. De vez en cuando se dejan ver en alguna conferencia o convención en Estados Unidos. Sin Charlie y Elsie Marsh no habría negocio Amway en Alemania ni en Francia ni en Japón ni en Australia, ¡ni en ningún otro lugar!

Todavía ahora Charlie Marsh es un hombre muy impresionante, casi dos veces mi tamaño, con amplios hombros y una dentadura increíble. Antes de empezar el negocio, Charlie Marsh era policía: un indio de pie plano, como les llamamos nosotros. Quería salirse de ese trabajo, razón por la cual comenzó con Amway. Tiene otra característica: cuando le pusieron la dentadura que exhibe quizá no tenía mucho dinero así que le queda un poco floja. Por ello cuando uno habla con él, simultáneamente recibe un baño.

 Nuestro amigo Wolfgang Backhaus puede confirmar esto. Conocimos a Charlie en junio de 1991, en el Hotel Grand Plaza de Grand Rapids. Charlie y Elsie Marsh estaban sentados en el lobby. Salimos a su encuentro y Charlie hizo lo que siempre hace: tomó a Backhaus de la camisa, lo jaló hacia sí y comenzó a darle un sermón de unos veinte minutos. Wolfgang Backhaus en ningún momento intentó sacar su cabeza del chorro que lo estaba bañando.

Casi todo se origina de Charlie Marsh: nuestra línea de patrocinio, la de Mas, Embajador Corona en Francia, la organización Dexter Yagger (de la que mucho se ha hablado). La totalidad de las ganancias del Japón y el Pacífico son una »pata« de Charlie. Australia y Nueva Zelanda; España, Benelux, Italia y Gran Bretaña, todas son »patas« de Charlie Marsh.

¿Por qué Charlie es una leyenda? Alguna vez le pregunté a Rich de Vos:

-¿Qué sucede con Charlie? ¿Por qué nadie lo ha visto en tanto tiempo?

-Charlie es extraño- se limitó a contestar él.

Todos decían eso, especialmente los empleados de Amway. Lo odiaban como si fuera una plaga. Charlie tiene un rasgo poco agradable: podía tomarte de la corbata y decirte: -Escucha, es muy simple. Si logras hacer seis, eres Diamante. Cuando eres Diamante, Amway te manda una semana de vacaciones a Hawai, gratis, con los niños y todo. ¡Así que ponte a trabajar!

Amway se entero de esto y aclaró que ni tenía intenciones de realizar un seminario en Hawai ni de ofrecer premios de esa naturaleza a los Diamante. Charlie tomó a alguien por sorpresa y le dijo: -Escucha, una vez que has llegado a doce, lo cual no es muy difícil, Amway va por ti a tu casa en el avión de la compañía y te lleva a Ada. Cuando bajes del avión, encontrarás una alfombra roja y al personal completo saludándote a la entrada de la fábrica. Recibes un tour guiado, especial, por todas las instalaciones y todos en el cuello de la camisa llevan un pin que dice: »Hoy es el día de Müller« o »de Wagner« o »de Meier«. Cuando eres Doble Diamante logras entrar al santuario con Rich y Jay y cenas con ellos. Luego eres escoltado a la salida y te llevan al aeropuerto en limusina. El avión de la compañía te regresa a casa. Así que ¡vamos! ¿Qué esperas para ser Doble Diamante?

Amway aclaró una vez más: ni tenemos un avión de la compañía ni tenemos intención de comprar uno. Tampoco tenemos días dedicados a honrar a alguien en particular, ni tenemos intención de llegar a hacerlo. Por último, nunca hemos considerado hacer algo parecido por los Doble Diamante. Amway odiaba a Charlie.

Sin embargo, Charlie siguió diciendo: - ¿Puedes guardar un secreto? Amway tiene su propia isla en el Caribe. Cuando llegas a Embajador Corona, es ahí donde te llevan y Rich y Jay son tus anfitriones y puedes hablar con ellos sobre tu negocio.

Amway volvió a salir al paso para aclarar que ni era propietaria de una isla ni tenía intenciones de comprar una ni se había planeado premiar con algo así a los Embajador Corona ni que Jay van Andel o Rich de Vos sirvieran de anfitriones. A pesar de esto, Charlie siguió prometiendo: -Escucha, Amway tiene un yate. Cuando llegas a Esmeralda, te llevan para quedarte en él durante una semana. Vamos, es muy fácil patrocinar a tres.

Amway estaba sorprendida y volvió a aclarar: ni tenemos un yate ni la intención de comprar uno ni de introducir un programa para premiar de esa manera a los Esmeralda.

Sin embargo, Charlie siguió y siguió. Lo sorprendente es que todo lo que él decía que ocurriría realmente ocurrió. Amway sí es dueña de la Isla Peter, parte de las Islas Vírgenes (Reino Unido) y a quienes alcanzan el nivel Embajador Corona sí lo llevan ahí por una semana. Amway ha introducido un viaje opcional para los que llegan a Triple Diamante. Amway no tiene uno, sino tres yates para premiar a su gente. Cada Embajador Corona tiene su día especial, como premio, en Ada; y sí lo recoge y lo lleva de regreso un avión. Amway tiene un foro Diamante en Hawai.

Nuestra línea de patrocinio[1]

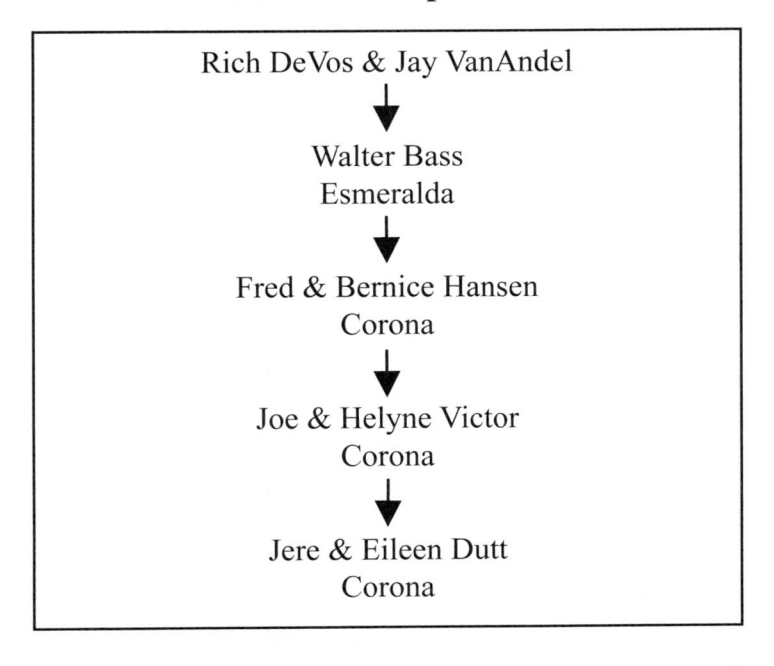

Rich DeVos & Jay VanAndel
↓
Walter Bass
Esmeralda
↓
Fred & Bernice Hansen
Corona
↓
Joe & Helyne Victor
Corona
↓
Jere & Eileen Dutt
Corona

[1] Fuente: De Silva, "The 1980 World of Amway", Toronto 1990

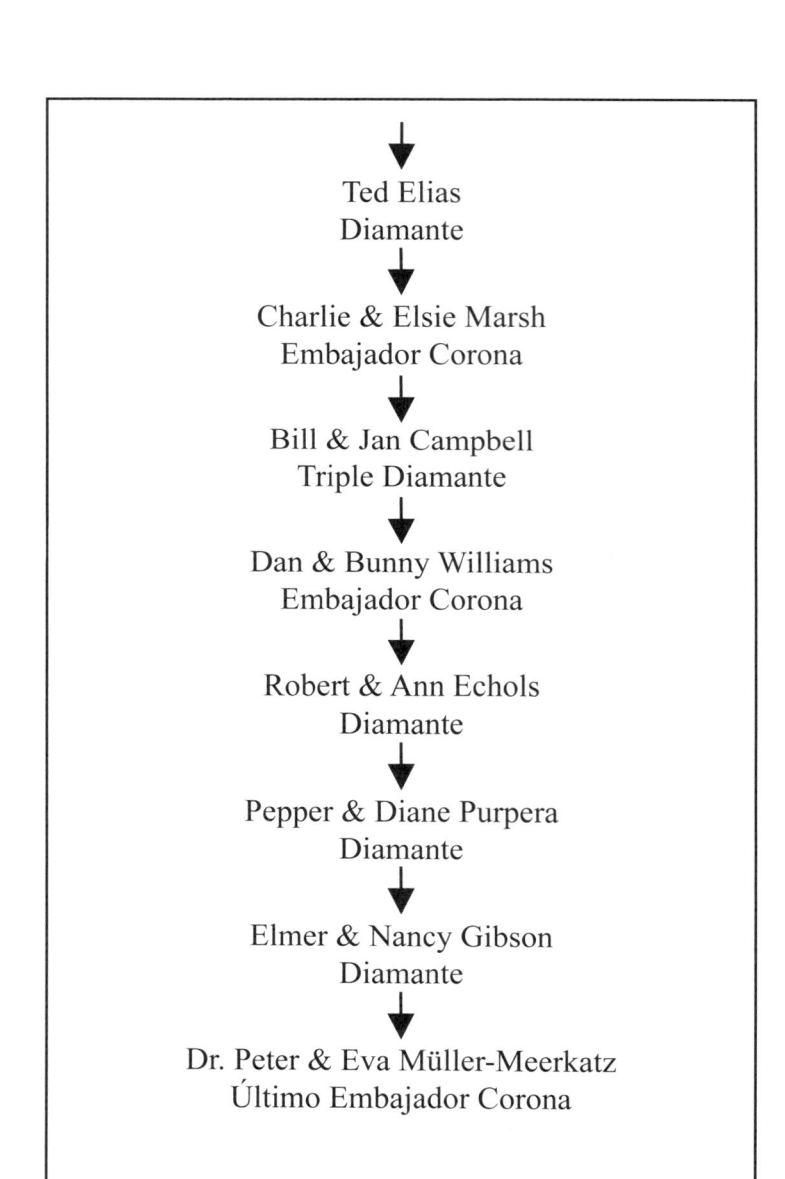

↓

Ted Elias
Diamante

↓

Charlie & Elsie Marsh
Embajador Corona

↓

Bill & Jan Campbell
Triple Diamante

↓

Dan & Bunny Williams
Embajador Corona

↓

Robert & Ann Echols
Diamante

↓

Pepper & Diane Purpera
Diamante

↓

Elmer & Nancy Gibson
Diamante

↓

Dr. Peter & Eva Müller-Meerkatz
Último Embajador Corona

Todo lo que Charlie Marsh prometió en aquellos años, y más, y que Amway no podía imaginar, llegó a ser realidad. Hay muchas historias legendarias en torno a Charlie y Elsie Marsh: fueron a Nueva York en coche para patrocinar gente. Cuando regresaron a Florida, un tornado había destruido su casa. Todo estaba en ruinas, no había un solo muro en pie; lo único que estaba de pie era la pizarra blanca de Amway con el plan de marketing ilustrado en él.

El tamaño actual de Amway se debe en gran medida a los esfuerzos de Charlie y Elsie Marsh. Charlie, el estrafalario, fue patrocinado por Ted Elias DD Diamante, en 1964. Ted Edlias fue patrocinado por Jere Dutt, Corona.

Hemos llegado a los días de infancia de Amway, cuando todo comenzó en una cochera. A Jere Dutt lo patrocinó Joe Victor, en 1959. Joe Victor es ahora Corona. Cuando Amway comenzó, él era un lechero en Ada, donde todavía vive. Joe Victor puede hablar de los tiempos en que Amway tenía un solo producto: LOC, que Jay y Rich le entregaban personalmente, depositándolo entre las botellas de leche. Yo he hablado con él. Bernice Hansen, otra belleza sureña, patrocinó a Joe Victor. Ella es Corona y también vive en Ada. Fred y Bernice Hansen fueron patrocinados por Walter Bass, quien fue patrocinado por Rich DeVos y Jay VanAndel.

Rich y Jay han patrocinado sólo a cinco personas, lo que no los lleva a ser ni Diamante. Uno de esos cinco fue Walter Bass y Bass mismo patrocinó a pocagente. Sin embargo, con un solo producto que vender uno no podía volverse rico así que tras explicar el plan de marketing unas cuantas veces, aquí y allá, buscó más que hacer. Durante siete años Bass estuvo yendo a Latinoamérica como parte de un programa de desarrollo. ¿Qué podía perder? Había patrocinado tan sólo a unos cuantos.

A su regreso, ya era Esmeralda y en su línea ya había Diamante, pero era demasiado tarde. Debe haber pensado: »Ciertamente es muy tarde« y jamás retomó el negocio otra vez.

En las convenciones, Walter Bass se sentaba en el bar del sótano del Hotel Grand Plaza de Amway en Grand Rapids, Michigan, para ver a la gente que venía a Ada y que formaba parte de su línea de distribución Esmeralda, iniciada más de 30 años antes. Murió hace algunos años. Era un hombre agradable y no estaba amargado, pero llegó sólo a ser Esmeralda, nada más.

¿Por qué les cuento todo esto? Porque ésta es una historia hecha por la gente, porque es una historia llena de debilidades humanas, pero también de coraje humano. Porque es una historia de soñadores de los que se mofaron amigos y gente que los rodeaba y que, a pesar de esto, cambiaron el mundo. Y porque, creo, que ésta podría ser también tú historia, lector, la historia de tus próximos 50 años. En 50 años se hablará de ti, sólo si tomas la decisión correcta. ¿Qué se dirá de ti? »Se dio por vencido tal y como lo hizo David Crowe« o »Se fue demasiado pronto, como pasó con Walter Bass« o dirán »No se dobló a la hora de la tormenta«. Tú eliges. Tú decides.

5.
OCHO AÑOS: 1977 A 1984

Dr. Peter Müller-Meerkatz

*Yo creo que cuanto más trabajes,
mejor suerte tienes.*

R. David Thomas

En el verano de 1994, una crónica ilustrada de los 35 años de Amway apareció en el Amagram de Alemania, la revista interna de la compañía. Este boletín, además de listas de fechas y actividades, da a conocer mucho sobre lo que, en retrospectiva, Amway considera importantes hitos en su historia. Esta crónica apareció en todo el mundo, idéntica en contenidos e imágenes en un país y en otro. Tropecé con ella en el Amagram de Estados Unidos, así como en la edición alemana, en la turca, polaca, checa e italiana. Seguramente fue una edición cuyos contenidos fueron reunidos y publicados por las oficinas corporativas en Ada, Michigan.

De acuerdo con esta crónica, ha habido sólo seis acontecimientos importantes antes de que nosotros comenzáramos en Amway en 1976. En orden cronológico, son los siguientes:

1959: Rich de Vos y Jay van Andel planifican la realización de su sueño.

1962: Amway inicia actividades en Canadá.

1965: Amway compra su primer avión. Desde 1993, la flotilla consta de 8 aviones.

1968: Aparece el primer cosmético Artistry.

1970: El primer yate »Enterprise« celebra su debut como centro de conferencias.

1973: Se inauguran las oficinas generales de Amway como »centro de libre empresa«.

La crónica brinca después hasta el año de 1978, cuando »Amway compra la Isla Peter y la hace punto de reunión de líderes de alto nivel dentro del negocio«. Punto final. Eso es todo. Ni una sola palabra sobre 1975 cuando Amway Alemania inicia actividades, no digamos ya de 1976, año en que Müller-Meerkatz se hacen distribuidores. Es obvio que estos años no son de importancia alguna. Sin embargo, desde esta última fecha no sólo participamos de la historia de Amway, sino que la influimos, directa o indirectamente. Tal vez resulte interesante revisar cómo sería la crónica de Amway desde nuestro punto de vista. ¿Qué acontecimientos importantes para nosotros ocurrieron en los años siguientes a nuestro ingreso en Amway?

Durante 1977 y 1978 nos vimos atrapados en el ritmo de trabajo que nos impusimos desde 1976. Las agendas de esos años son casi idénticas a la de 1976: reuniones, reuniones, reuniones[1]. Reuniones para patrocinar personalmente en Kissing; viajes para encontrarnos con nuestros socios y ayudarlos a patrocinar. De hecho pusimos en práctica el sistema-ABC[2] de manera instintiva y excesiva. En esos momentos, no éramos conscientes de que nuestra forma de proceder se guiaba por un sistema y una lógica. Nos dimos cuenta de esto mucho después. Sólo hacíamos lo que nos parecía correcto, lo obvio.

No debe sorprender que con esta forma tan intensa de trabajar, los éxitos siguieron llegando a la misma velocidad y con igual regularidad con que aparecían en 1976. Lográbamos calificar Distribuidores Directos, uno tras otro. Traspasar los niveles de desempeño de Amway no era el objetivo, pero lo disfrutábamos como bonos extra: febrero de 1977, Esmeralda; abril de 1977,

---
[1] Comp. capítulo "Un diario de 1976".
[2] Comp. capítulo "Nuestro sistema ABC".

Diamante; octubre de 1977, Doble Diamante; junio de 1978, Triple Diamante. En aquella época, Amway era una empresa pequeña, por lo que era la primera vez en Alemania que se alcanzaban estos niveles, quizá en toda Europa. No éramos conscientes del hecho de que el mundo Amway comenzaba a poner atención a nuestro trabajo.

En este punto, no podía hablarse de una estructura, una red o una organización en el estricto sentido de esas palabras. Hacíamos nuestro trabajo, patrocinando personalmente y para nuestros socios y nos asegurábamos de que todas las »patas« alcanzarían la meta del 21%. Esperábamos que los Distribuidores Directos recién calificados pusieran en práctica el mismo procedimiento con sus grupos, sin mayor dirección nuestra. Habíamos hecho esto desde el principio, no había razón por la que nuestros líderes no hicieran eso mismo. De acuerdo con la literatura Amway, un Distribuidor Directo era un ejecutivo, o por lo menos debería intentar ser uno.

Con lo anterior no quiero decir que no estábamos en contacto con nuestros DDs. Eva los llamaba con regularidad. Ocasionalmente, organizábamos conferencias. Si nos invitaban, asistíamos a sus reuniones; si nos lo pedían, éramos oradores en sus reuniones de grupo o participábamos en sus seminarios, mas el centro de nuestro interés era nuestro propio grupo. Motivar continuamente a sus miembros y asegurar su éxito, es decir, que lograran el volumen del 21%, era nuestro único objetivo. Todo lo demás estaba subordinado a esto.

No éramos conscientes de que el radio de nuestra actividad crecía de manera sostenida. Pronto dejamos de ser una organización Suabia y alcanzamos Franconia, Alta Palatina, Alta Bavaria, Hesse, Westfalia del Norte del Rín, Sajonia Baja, Hamburgo, Baden Würtemberg, Berlin, a donde quiera que las actividades de nuestra línea nos llevaran.

Si hay algo que recuerdo de aquellos »locos tiempos«, son los numerosos viajes en las autopistas, las palizas de conducir días y noches, las pequeñas siestas en las áreas de descanso, los sorbos de café después de llenar el deposito de gasolina y de nuevo tras el siguiente distribuidor o de salida a la siguiente reunión de trabajo. Seguramente conocíamos la red entera de carreteras y de autopistas de Alemania Occidental de aquellos días.

Nuestras circunstancias nos obligaron a ser disciplinados. Teníamos hijos que había que llevar a la escuela por la mañana por lo que debíamos acomodar nuestras reuniones temprano por la noche y correr después a casa para desayunar con los niños. Una vez que éstos se habían ido a la escuela, ya no era el momento para ir a la cama a descansar. Nos íbamos a la oficina, telefoneábamos a los que podíamos contactar, poníamos orden en el papeleo y planeábamos las siguientes actividades.

Recuerdo la mañana en que no pudimos regresar a casa para desayunar. Cuando llegamos a casa, los niños ya se habían ido a la escuela. Había un recado en la mesa: »Queridos mamá y papá: estamos preocupados por ustedes. Nos fuimos a la escuela por nuestra cuenta.

Esperamos que hayan regresado bien.« Estas palabras nos dejaron muy atribulados.

Además, no teníamos dinero y el poco que ganábamos con Amway lo reinvertíamos en el negocio: gastos de viajes, compra de productos, promociones, costos de reuniones, material de oficina.

La semana giraba en torno a dos reuniones: la noche del martes era noche de entrenamiento en el hotel Alpenhof, en Augsburg. En un principio, nosotros cubrimos los costos. Después, tratamos de que nuestros Directos absorbieran algunos de los costos. Esto continuamente condujo a fricciones. Finalmente, optamos por cobrar una cuota de entrada a los distribuidores. Empezamos con 50 pfennig[1], después cobramos un marco[2]. Semana tras semana, nosotros pagamos la diferencia. La otra reunión era la noche del viernes: el open en nuestra casa en Kissing. A las siete de la noche entregábamos los productos a los distribuidores, a partir de las ocho se presentaba el plan de marketing. Sólo admitíamos a distribuidores que traían a otro prospecto.

Hasta 1979 vivimos en una pequeña casa en Kissing, junto a una fábrica. No era un magno ejemplo de casa, pero la renta estaba de 750 marcos al mes[3]. No podíamos pagar algo de mayor precio. Hasta 1978 usamos (o mejor dicho, nos arrastró) un viejo Mercedes a diesel, modelo 1972, que nos había costado 5,000 DM[4]. Nunca se nos ocurrió gastar nuestro dinero, ganado con el sudor de la frente, en bienes de consumo como una casa más linda, un auto nuevo o muebles nuevos.

A nuestros distribuidores parecía no importarles.

---

[1] Cerca 0.25 € o 0.35 $
[2] Cerca 0.50 € o 0.70 $
[3] Cerca 375 € o 525 $
[4] Cerca 2,500 € o 3,500 $

Venían a Kissing y se sentían cómodos ahí. Lo único que algunos parecían extrañar era el alcohol durante los open, pues nosotros sólo ofrecíamos café, té, agua o jugo. Los incorregibles como el señor Gallenmüller, vecino nuestro, traían su cerveza, hasta que Eva lo descubrió y lo prohibió expresamente. Nuestro principio era: no hay cabida para el alcohol cuando un negocio se está presentado y explicado.

Tampoco gastábamos en ropa. Para la primera comunión de David y Peter, compramos sus trajes en una tienda de segunda mano. Cuando alcanzamos el nivel Diamante, organizamos una »Fiesta Diamante« en Eiskanal en Augsburg con 800 invitados. Amway nos iba a entregar el »pin« de Diamante. Eva necesitaba un vestido nuevo. Deambulamos por las tiendas de Augsburg hasta que Eva encontró algo que le acomodaba. Vio la etiqueta con el precio: 80 DM[1] y salimos de la tienda mascullando alguna excusa. Regresamos dos días después. Eva se probó el vestido pero no podía decidirse a comprarlo. Un día antes de la actividad, nos decidimos, todavía renuentes, a comprarlo.

¿Visualizábamos lo que vendría después? - No lo creo. Estábamos demasiado ocupados en sobrevivir. Trabajábamos para sostener la casa y a nuestros hijos, lo hacíamos con la esperanza de tener un mejor futuro. No teníamos tiempo para soñar y visualizar. También trabajamos porque era un trabajo que podíamos hacer juntos. No pensábamos en tomar vacaciones. Ya viajábamos suficiente. El viaje a Mallorca para asistir al seminario de Amway en 1977 fue el único descanso que tomamos.

---
[1] Cerca 40 € o 55 $

Y no fueron unas vacaciones precisamente: pasamos el tiempo al lado de nuestros Distribuidores Directos, de los que éramos responsables.

¿Qué fue realmente importante para el futuro y que no se menciona en la crónica? Evidentemente, con todo este trabajo, tendimos los cimientos de nuestra futura organización Embajador Corona; casi todas las líneas que más tarde formaron parte del negocio Amway en Alemania e incluso en Europa central comenzaron durante el periodo de 1976-1978. Pero eso no es todo. También entonces comenzaron las tradiciones que dejaron huella y que todavía ahora siguen estando vigentes. Naturalmente, no éramos conscientes de las consecuencias que traería nuestro trabajo de aquellos tiempos.

En 1976, Franz y Trude Langner de Mönchengladbach ya habían calificado como Distribuidor Directo. La relación de trabajo, tan cercana y amistosa, que sosteníamos se hizo más y más difícil con el paso del tiempo. Especialmente cuando tanto ellos como nosotros llegamos a ser DD Perla, en 1976. »Tan sólo« éramos DD Perla, puesto que el »pin« Esmeralda no podía obtenerse hasta que hubieran pasado seis meses del año fiscal 1976-77. El comentario de Franz Langner cuando recibió el »pin« Perla fue: -¡Por fin somos iguales!

Franz Langner tenía muchas ideas, muchas de ellas contrarias y en conflicto con las nuestras. Llevaba al día un »libro de ideas«, como lo llamaba, donde anotaba todo lo que se le ocurría. Una vez que algo se le metía en la cabeza, era difícil persuadirlo para que no lo llevase a cabo o para que cambiara de rumbo.

Hacia el final de 1976 tuvo esta idea: los distribuidores ambiciosos con ideas de expansión deberían reunirse y pasar un fin de semana juntos para escapar de la rutina diaria, conocerse mejor e intercambiar ideas. No lo había terminado de decir cuando ya se estaba organizando. Franz Langner nos informó que había planeado aprovechar la promoción del Hotel Ramada en Ludwigshafen para organizar, para él y su gente, un »Fin de semana de diversión en la Alta Palatina«. El gerente de marketing, Norbert Ziesche, había aceptado asistir y Langner nos preguntó si estaríamos interesados en unirnos, junto con algunos de nuestros distribuidores. No queríamos dejarlo ir solo así que decidimos asistir. De nuestra parte, también fueron Dora y Willi Seyfried, quienes a su vez invitaron a otros distribuidores; Hedwig y Merlin Sundberg, de Erlangen, y Anne y Willi Lechner, de Augsburg. Todo esto ocurrió en enero de 1977.

En cuanto llegamos a Ludwigshafen vimos el programa nos quedamos horrorizados. Consistía en lo siguiente: cóctel de recepción con los directores del hotel, cena al cierre, una parada en el bar Paukboden. Sábado: desayuno buffet, paseo por la ruta de los viñedos, visita a un vitivinicultor, comida en una vieja granja y baile de polca hasta el amanecer. Domingo: desayuno buffet, viaje a un viñedo, degustación de vinos, almuerzo y partida.

Inmediatamente, Eva comenzó a modificar este

fin de semana de corte recreativo y turístico en un seminario de negocios. Preparó un salón de conferencias y se cancelaron los paseos por los viñedos, en su lugar se realizarían reuniones de trabajo con los siguientes temas: potencial del patrocinio, administración de reuniones y pláticas de patrocinadores. Este improvisado seminario de fin de semana tuvo tanto éxito que decidimos organizar otro seminario de tres días en primavera. Los buenos resultados nos dieron la razón: los Sundberg cerraron enero con una calificación del 21%, y poco después los Lechner alcanzaron el nivel de Productores Plata; en consecuencia, los Seyfried tenían otra línea de distribución al 21%. Más de la mitad de los que participaron llegaron a ser Distribuidores Directos. Aunque Franz Langner había tenido la idea, dudo que el resultado hubiera sido igualmente exitoso si Eva no hubiera transformado la »recreativa reunión« en un seminario de negocios.

El segundo seminario se llevó a cabo en Lam, en el bosque bávaro, del 22 al 24 de abril de 1977. Recibió el nombre de »Segundo seminario de fin de semana de la organización MM« y contó con la participación de 78 personas y 24 niños. Todos habían deseado que se organizara y se prepararon para asistir. Reconocimos a un nuevo Productor Plata y a tres nuevos DD Rubí. Nosotros recibimos el »pin« Esmeralda. Sin embargo, lo más importante fueron las metas que los participantes se fijaron para el mes de agosto.

Habíamos viajado hasta Lam en autobús, lo que significaba un largo viaje para la gente de Langner.

Franz usó este hecho como argumento para no participar en nuestros seminarios y hacer las cosas aparte y a su manera. Así, ya sólo debíamos atender a nuestros socios del sur de Alemania. Volvimos a ver a Franz Langner, por casualidad, en Obsteig, Tirol, donde organizamos el »Tercer seminario de fin de semana de la organización MM«, los días 28 a 30 de octubre de 1977. Contamos la participación de 30 personas, entre los que estaban Strachowitz, que llegó a ser Embajador Corona, Scherieble, Bayer, Spatz y Blind, que después calificó como Diamante.

Durante este seminario, Eva presentó su plan de diez años para llegar a Embajador Corona. El seminario tuvo tan buena recepción que organizamos otro en Obsteig, Tirol, en la primavera de 1978, esta vez con 64 participantes. Cuando miro las fotos de este seminario, me doy cuenta de que muchos de esos 64 participantes llegaron a ser Distribuidores Directos. En ese seminario de primavera decidimos organizar otro en otoño, del 3 al 5 de noviembre de 1978.

Así comenzó la tradición de los seminarios de primavera y otoño, a los que han asistido cientos de miles de personas y que han modelado la formas de trabajo que siguen las organizaciones de Europa central. Los inicios fueron modestos y tomó muchos años alcanzar los actuales índices de participación: miles de personas. La tradición continuó en nuestros »tiempos locos«, y todo aquél que venga dos veces al año desde toda Alemania, Suiza, Austria, Polonia y la República Checa hasta Ruhpolding debe ser consciente de que los inicios modestos pueden albergar la semilla de futura grandeza.

Diariamente patrocinábamos gente para nosotros y nuestros socios y a partir de septiembre utilizamos una película de ocho milímetros que había introducido Amway Alemania, titulada »Un mundo nuevo y diferente«. Estaba basada en una película que utilizaban los distribuidores de Amway Estados Unidos. A todos nos encantaba, especialmente porque prometía un viaje gratis a las oficinas corporativas en Ada, Michigan para todo aquél que calificara como Distribuidor Directo.

Motivábamos a nuestros distribuidores con la frase: -¡Hazte Directo y llegarás a Estados Unidos!

Inocentemente, nosotros creímos que los contenidos de esta película eran válidos para todos los distribuidores Amway, particularmente porque Amway Alemania la había puesto en circulación. Un día, Eva preguntó a nuestro director administrativo de Amway Alemania, el señor Erich Schmidt: -Así que ¿cuándo recibimos nuestra invitación a Ada?

Erich Schmidt se quedó helado. Después de confirmarlo con las oficinas centrales en Ada, nos explicó que éste era un incentivo dirigido solamente a los distribuidores de Estados Unidos; los distribuidores extranjeros definitivamente no recibirían la invitación a Ada, Michigan. Agregó que lamentaba el hecho de que esta secuencia no hubiera sido retirada de la cinta alemana y que esto hubiera causado el malentendido, etcétera, etcétera.

Nuestra desilusión no tuvo límites. Después de

todo, teníamos tantas ganas de conocer la compañía matriz en Estados Unidos, pero explicarles esto a nuestros distribuidores fue todavía peor. Para muchos, el cumplimiento de esta promesa había sido el único motivo para trabajar extremadamente duro y así poder calificar como Distribuidor Directo. ¡Y ahora resultaba que su sueño de conocer a la compañía matriz no se volvería realidad!

El descontento fue inmenso y extendido. Muchos amenazaron con salirse del negocio Amway. Nosotros no podíamos sumarnos sin más a todas estas quejas para manifestar nuestro descontento; teníamos que pensar en algo para lograr que la gente regresara a hacer su trabajo.

La solución fue sencilla y, por supuesto, fue Eva quien la gestó: Si Mahoma no va a la montaña, entonces la montaña irá a Mahoma. Si Ada no viene a buscarnos, nosotros volaremos hasta allí.

Decidimos ir a la convención del verano de 1978, en Grand Rapids, con nuestra organización y presentamos la idea en el invierno de 1977-78. Al final, 101 personas estaban dispuestas a hacer el viaje.

Así, el primer viaje, memorable, que nuestra organización hizo a Ada fue en julio de 1978, del 27 al 31. Tenía que ser muy económico pues nuestros presupuestos eran bajos. El viaje se inició en Munich a medianoche, en autobús, que paró en Augsburg, Ulm, Stuttgart y Karlsruhe para recoger a los que viajaban y llevarlos hasta Luxemburgo, donde tomaron el vuelo trasatlántico a Chicago, de donde hicieron un viaje de cuatro horas, también en autobús, a Grand Rapids. El viaje de regreso se hizo de la misma manera, el siguiente lunes. Nos hospedamos en un lejano, pero barato, hotel de Grand Rapids, el Holiday Inn East. El viaje completo costó 1,500 DM por persona[1]. Y quedamos extasiados. Nuestra gente quedó extasiada.

Nosotros habíamos volado con anticipación a Grand Rapids para preparar todo. Esperábamos al grupo con refrescos en el vestíbulo del hotel. A las tres en punto llegaron los autobuses desde Chicago. Era normal que algunos estuvieran agotados tras un viaje tan largo, nada de eso. Muchos ni siquiera se fueron a dormir porque no querían perderse un minuto del Nuevo Mundo.

Nosotros ni siquiera teníamos una cama adonde ir. No teníamos habitación. En nuestra premura y excitación no habíamos apartado habitación para nosotros. Lo único disponible era un pequeño sofá en nuestro salón de reuniones, y en el que, cada noche, tratábamos, inútilmente, de conciliar el sueño.

El lunes por la tarde, después de despedir a todos nuestros distribuidores, estábamos a punto de caer en pedazos. Eva ya no podía hablar y no cesaba de llorar, pero era llanto de alegría: nuestra gente había quedado fascinada con Estados Unidos, con la convención Amway, los distribuidores estadounidenses, el tour por Ada, el »American way of life«. Y llevaron este mensaje a Alemania, el mensaje del empuje que hay tras la organización Amway.

Así comenzó la tradición de viajar a las conven-

---
[1] Cerca 750 € o 1,050 $

ciones en Ada, Estados Unidos. Esto también ha pasado a formar parte importante de la vida de los distribuidores europeos y permanece sin cambio hasta la fecha. Miles de distribuidores han participado en estas convenciones. En aquel entonces no nos pareció que tendría trascendencia histórica; fue una decisión que emergió de la necesidad.

Recibimos nuestro pin de Triple Diamante en Ada, en 1978. Días después de recibirlo, nos invitaron al Enterprise, anclado en Nantucket, pero esto no fue importante para nosotros, lo fue mucho más el que nuestros distribuidores hubieran regresado a casa felices y satisfechos. Todo estaba preparado cuando llegamos al Enterprise, la noche de un lunes. Un delicioso buffet nos esperaba y un cantante con guitarra amenizó la velada con canciones populares de los Estados Unidos. Eva se quedó dormida durante la cena.

El año de 1978 trajo algo más: calificamos como DD Corona, con 25 líneas frontales. Queríamos ver a todos nuestros distribuidores directos reunidos en un solo lugar, una sola vez por lo menos. La entrega del »pin« Corona nos pareció una ocasión apropiada. Era práctica común cerrar el año con una fiesta de Navidad con todos nuestros distribuidores. Podíamos combinar la fiesta Corona con la fiesta de Navidad.

En total, 3000 distribuidores vinieron a la fiesta; incluso las organizaciones de Westfalia del Norte del Rín, Oldenburgo, Hamburgo. Todos nuestros Distribuidores Directos de primera línea vinieron y a todos los subimos al escenario para una foto. En ninguna otra ocasión fue posible hacer eso. Los DDs llevaron a sus distribuidores, casi todos estaban ahí; entre ellos, la organización Pitman, originada por Dexter Yagger y responsable del 10% del volumen de ventas en Alemania. Esos 3000 distribuidores eran prácticamente la totalidad de los que había en aquellos días, ¡y todos estaban presentes en nuestra fiesta Corona!

Esta fiesta, realizada en el Lowenbrau Stuben de Munich, fue un suceso importante en la historia de Amway del año 1978. Fue la primera actividad en su tipo llevado a cabo en Alemania y Europa. Ese mismo año Amway compró la Isla Peter, pero no era asunto nuestro ni tampoco de Amway Alemania. En cierto sentido, habíamos culminado lo grueso, la parte sustancial del trabajo. La calificación Embajador Corona tres meses después con las mismas 25 líneas era inevitable y una mera formalidad. Éramos, sin duda, la cúspide en la pirámide de distribución de Alemania.

Merece destacar que en la fiesta estaba un grupo de distribuidores de Donaumoos, muy motivados y animados. Nuestra línea Seyfried ya había rebasado Neuburg, a orillas del Danubio, e Ingolstadt y había llegado a la pequeña población de Langenmosen. La entrada de Max y Marianne Schwarz tendría sus consecuencias.

La crónica menciona que en 1979 Amway abrió el mercado japonés, que es uno de los más exitosos actualmente. Esto puede ser importante pero en ese año, 1979, no lo era. En los primeros seis años, Amway Japón era un mercado insignificante y estancado. Los directores administrativos en esa organización cambiaban constantemente. Europa recibía la mayor parte de la atención pues era ahí donde ocurría el crecimiento en serio.

Durante la convención de 1978, en Grand Rapids, conocimos a toda nuestra línea ascendente de patrocinio, no sólo a Elmer Gibson, que había introducido a David Crowe al negocio, sino a Dan Williams, DD Corona. Estábamos profundamente impresionados por la convicción y seguridad en sí mismos con que los distribuidores estadounidenses armaban y desarrollaban el negocio Amway. Nos impresionó aún más el que Dan Williams nos convocara, personalmente, en mayo de 1979, como oradores anfitriones, a su "reunión familiar" en Tan-Tar-A. En ese año, recién habíamos calificados como DD Embajador Corona, uno de los tres en el mundo y la noticia llegó hasta Estados Unidos. Nos emocionó mucho la invitación. Más todavía cuando algunos días después recibimos una llamada de parte de un David Head, de Nueva York, para invitarnos a ser oradores anfitriones en esta ciudad. El discurso en Tan-Tar-A estaba programado para el 1° de septiembre; el de Nueva York, para el 28 de julio. Decidimos volar una sola vez para las dos actividades, preparamos a los niños, hicimos maletas y salimos a un largo viaje por Estados Unidos.

    Llamamos a Elmer Gibson en Kentucky, quien prometió tenernos lista una casa móvil en Nueva York, con la que viajaríamos por el país. Elmer Gibson también prometió contactarnos con los Diamantes para poder conocer de cerca los interiores del negocio de Amway Estados Unidos. Estábamos ansiosos por explorar este país. Así lo hicimos. Optamos por dejar la casa móvil con Mel y Bea Behnke: las distancias eran tan grandes; avanzábamos a paso de tortuga (55 millas por hora) y nunca logramos vaciar el excusado (nos acompañaba un ejército de moscas todo el tiempo). Por todo esto preferimos seguir en avión. Conocimos Nueva York, Los Ángeles, Las Vegas y el Gran Cañón del Colorado. Los Diamantes y Embajadores Corona nos recibían en sus casas. Tomamos parte de reuniones grandes y pequeñas; conocimos grupos de distribución muy motivados para traspasar nuevas fronteras. Todo el mundo trabajaba muy duro para lograr el más ambicioso objetivo de Amway: una ganancia de mil millones de dólares para el año fiscal de 1978-79.

Sin embargo, la impresión más honda nos la llevamos en la reunión familiar de Dan y Bunny Williams, en Tan-Tar-A. El hotel en Tan-Tar-A está situado en una península que se adentra en un lago artificial en Missouri, en medio de una hermosa región montañosa llamada Ozarks. La reunión tuvo lugar en el salón de baile, que tiene capacidad para 3000 personas, y estaba lleno. Los oradores fueron excelentes. Por primera vez presenciamos la intervención de un Maestro de Ceremonias (MC). Nos impresionaron los soportes audiovisuales: la música, las diapositivas y la película. Por primera vez experimentamos qué se sentía ser bienvenido y reverenciado con largos periodos de ovaciones. Nos enteramos de que la organización Williams no se llama a sí misma Organización Williams sino »World Wide Diamonds« (WWD, Diamantes de todo el mundo). Vimos lo que una gran organización puede lograr si sus líderes trabajan con cohesión entre sí. De acuerdo con sus cifras, WWD produjo aproximadamente el 25% de las ganancias de Amway Estados Unidos. La sola cifra de los Diamantes que estaban ahí nos hacían ponernos verdes de envidia. Con absoluta decisión y certeza nos dispusimos a estructurar nuestra propia organización bajo los mismos principios que WWD y jamás perder el contacto con nuestras líneas ascendentes de los Estados Unidos.

Decidimos bautizar nuestra organización y línea de patrocinio "World Wide Diamonds Europe" (Diamantes de todo el mundo, Europa). Dan y Bunny aceptaron gustosos. Decidimos remodelar nuestros tiesos seminarios de primavera y otoño de acuerdo con las líneas de acción de Tan-Tar-A. En el futuro, nuestra organización seguiría métodos de trabajo uniformes. Había que desarrollar material de formación y establecer una red de centros de formación. Más importante todavía: había que poner un alto a las acciones sin objetivo ni coordinación de parte de nuestros líderes. Teníamos que formar un equipo que trabajara activamente, compartiera el trabajo y -por lo menos en cuanto a la representación de los distribuidores- que actuara como una unidad.

La noche del 1° de septiembre de 1979, Eva llamó a todos nuestros Distribuidores Directos en Alemania, anunciándoles una nueva era de cooperación. Les pidió toda su confianza y se la otorgaron. Invitó a todos al seminario por celebrarse en Obsteig, en otoño, y todos convinieron en asistir. Incluso Langner dijo que iría. Eva auguró crecimiento y éxito y todos le creyeron. Ya era de día en Tan-Tar-A cuando terminó con la última llamada telefónica. Estábamos ansiosos por regresar a casa.

No hay duda de que el negocio Amway cambió por completo en los años siguientes. El seminario de otoño fue un rotundo éxito. Mel y Bea Behnke, Distribuidores Directos Diamante, de Kansas, vinieron como oradores invitados. Por primera vez usamos un Maestro de Ceremonias. Recibimos una oleada de pre-registros para el seminario de la primavera de 1980. El ambiente estaba lleno de energía y motivación para comenzar una nueva etapa.

Lo mismo sucedía en nuestra vida personal. A fin de año nos mudamos a la primera casa de nuestra propiedad. Era una casa sola, sencilla en un terreno de 600m^2 en una tranquila calle de Adelsried. No era una mansión ni un castillo, pero era nuestra. Nuestros hijos ya tenían una casa. El primer cheque de un bono importante de Amway nos llegó en diciembre de 1979, un cheque por la cantidad de 203,556.91 DM[1].

En la crónica Amway ni siquiera se menciona el año de 1980; sin embargo, para nosotros resulto un año decisivo. Junto con nuestros Distribuidores Directos, diseñamos un programa de formación, consistente en diez reuniones temáticas, que empezaban de nuevo en cuanto terminaban. La ventaja de estas reuniones era que cualquier distribuidor podía empezar el programa

[1] Cerca 102,000 € o 142,500 $

de formación en cualquier punto. Diez semanas después de haber iniciado el programa, habría completado las reuniones temáticas. El programa sería el mismo en todos los sitios donde se impartiera. Se esbozaron los materiales de apoyo. Todo esto ocurrió en 1980.

Con mucha satisfacción, podemos constatar que, en esencia, este mismo programa se sigue usando todavía en toda Europa central. Todas las organizaciones lo usan, aunque con algunas modificaciones.

En enero de 1980, la única formación disponible de manera regular, cada semana, se llevó a cabo en el Alpenhof de Augsburg. Habíamos logrado introducir en esta ocasión el programa de diez puntos. Insistimos en presentar las primeras diez lecciones nosotros mismos. Las siguientes serían presentadas por nuestros Distribuidores Directos.

En marzo comenzamos a impartir cursos en Nuremberg. Para nosotros significaba muchas horas de conducción ya que nuestros líderes insistían en que nosotros impartiéramos las primeras diez lecciones, primero por razones didácticas y segundo porque creían que nosotros atraeríamos más participantes. Después de todo, nosotros éramos los primeros, y en ese entonces los únicos, Embajadores Corona en toda Europa. Así que íbamos. Hacia fines de marzo comenzamos el programa en Stuttgart y Munich. En mayo, la organización Langner comenzó a impartir el programa en Westfalia del Norte del Rín. En julio comenzamos a ir a Ingolstadt; en agosto, a Schweinfurth.

Viéndolo retrospectivamente, podemos decir

con seguridad que sin este programa de formación no habría sido posible crecer como se hizo. En los años siguientes, uno tras otro se fueron abriendo los centros de formación. Para 1984, Alemania entera tenía una red de 80 centros de formación WWD; el número de participantes semanales fluctuaba entre 500 y 2000. Es más, Suiza ya contaba con centros de formación bajo el mismo modelo. Joe y France Mas, Embajadores Corona en Francia, integraron nuestro programa de formación a sus métodos de trabajo y como resultado las ganancias francesas rompieron todos los récords.

La introducción de un programa universal de formación debió haber sido el hito más importante en la historia del negocio Amway en Europa. Nosotros picamos piedra y tendimos los cimientos, íbamos conduciendo de un curso a otro, afrontábamos los riesgos de los costos, que casi nos desnucan en 1984-85.

A principios de 1980 teníamos no sólo la intención, sino también la certeza, de hacer crecer a nuestra organización. Queríamos nuevos Productores Plata, queríamos nuevos Distribuidores Directos. Así fue como nació la idea de hacer un viaje todos juntos: todo aquél que para el seminario de primavera calificara al 21% haría un viaje inolvidable con el grupo. El destino: Jamaica. El precio por persona se fijó en 1,300 DM[1]. No sé cómo fue que llegamos a fijar ese precio. Ciertamente esa cantidad no cubría los costos. Hicimos un vuelo directo con LTU y todos los que viajaban tenían una reserva en el Hotel Hilton de Ocho Ríos. La respuesta a este ofrecimiento fue abrumadora. Para la prima-

[1] Cerca 650 € o 900 $

vera de 1980, ya habían calificado 40 Productores Plata, dispuestos a hacer el viaje. Al final, más de cien fueron con nosotros a Jamaica, del 29 de mayo al 6 de junio, y aún ahora, a quien se le pregunte por este viaje se referirá a él como un viaje inolvidable.

Jamaica inició la tradición de los viajes con nuestros líderes. Desde ese momento aumentamos los requisitos para poder viajar y además cada uno correría con sus propios gastos. En 1981, nuestros amigos de WWD Estados Unidos hicieron un viaje por Europa. Les pagamos el viaje a nuestros Diamantes para que los encontraran en Bürgenstock, Suiza, y regresaron de lo más entusiasmados. Para nosotros, era importante que nuestros líderes conocieran a los Diamantes de Estados Unidos y que pasaran por el mismo efecto de sorpresa y motivación que nosotros vivimos en Tan-Tar-A, y lo logramos.

En 1982 emprendimos un viaje a Florida con nuestros Diamantes y futuros Diamantes del 30 de mayo al 10 de junio. Casi cien personas hicimos ese viaje. A principios de diciembre invitamos a nuestros Diamantes y Esmeraldas al Hotel Grand Plaza de Amway en Grand Rapids. En primavera llevamos a los miembros de nuestras 15 líneas club a Irlanda. Naturalmente, todo esto acarreó cuantiosos gastos, los cuales nosotros absorbimos, pero era un placer viajar con nuestros amigos Amway. Además, con estos viajes buscábamos fortalecer la cohesión de nuestra organización y la relación de trabajo entre los líderes.

En 1980, buscamos establecer contacto con

nuestros amigos de World Wide Diamonds Estados Unidos. Necesitábamos su apoyo, impacientes como estábamos por aprender de su conocimiento y experiencia para poner en práctica todo eso en nuestro país. Continuamente atravesábamos el charco para verlos en Tan-Tar-A y por supuesto ahí estábamos en 1980 cuando recibimos una llamada telefónica de Michael Strachowitz. Una dolorosa separación dentro de nuestra organización en Alemania se estaba cocinando.

La disputa se originó en los centros de formación. Había mucha envidia por los ingresos que recibíamos de ellos. El principal argumento de muchos de nuestros líderes era que las reuniones en estos centros estaban nutridas por gente que ellos enviaban. ¿Por qué, entonces, eran nuestras las ganancias? Se les escapaba que nosotros habíamos hecho la inversión inicial de arranque. Tampoco parecía interesarles que las ganancias de estos prósperos centros se usaran para financiar nuevos centros. Lo que querían era crear y usar sus propios programas de entrenamiento y ellos cosechar las ganancias.

A nuestro regreso convocamos a una conferencia para los Distribuidores Directos, a efectuarse el 4 de octubre de 1980, en el Frankfurter Hof, en Frankfurt. Esta conferencia fue registrada en los anales de Amway como el Sábado Negro. Además de los reconocimientos que se entregaron, presentamos un balance general de las ganancias y los gastos de formación. No ayudó gran cosa, la decisión estaba tomada de antemano. Estaba claro que las organizaciones Bayer, von Badewitz,

Pentenrieder, Vosseler, Langner y Wieder querían seguir su propio camino. Debido a que la WWD usaba como color distintivo el azul intenso, los desleales recibieron el mote de »azules pálidos«. El negocio Amway se dividió en dos organizaciones justo en el momento de mayor crecimiento.

Organizaciones antiguas como las de Langner y Vossler, con las que habíamos trabajado desde el principio, se habían separado. Líneas más jóvenes como las de von Badewitz, Pentenrieder y Bayer también se separaban, las cuales habíamos ayudado a formar el negocio, semana tras semana, con quienes habíamos viajado a Jamaica, de las que nos sentíamos orgullosos. Nuestros ambiciosos planes nacidos en Tan-Tar-A, el sueño de una gran organización Amway, World Wide Diamonds, estaba en ruinas.

Pero el ímpetu de crecimiento de ese 1980 era demasiado fuerte para morir. A pesar de que los »azul pálido« no fueron al seminario de otoño en Obsteig, el cupo se saturó y el salón de reuniones no fue suficiente para contener a tanta gente. Era evidente que en primavera debíamos organizar seminarios complementarios.

El llamado Sábado Negro casi mata a mi esposa Eva. Psicológicamente no pudo superar la ruptura de la organización. Hasta el 9 de noviembre, el último día del seminario, estuvo activa, pero ese mismo día tuve que llevarla directamente al hospital. Estuvo tres meses internada, batiéndose entre la vida y la muerte.

1980, el año ausente en la crónica Amway, fue un año

clave. En enero, Willi Seyfried nos pidió atender por un corto tiempo a Max y Marianne Schwarz. Ambos habían empezado hacía dos años pero ahora estaban en las últimas. Habían prestado dinero a un socio que no lo pudo devolver, y el volumen de ventas había caído, pero eran gente valiosa.

El 23 de febrero vinieron a vernos a Adelsried, la reunión está marcada en mi agenda a las 19:30. Hablamos largo rato. Acordamos reunirnos con sus líderes, ahí mismo en Adelsried. Poco tiempo después, Max y Marianne Schwarz calificaron como DD Perla con esos tres líderes. Marianne Schwarz confortó a mi mujer diciéndole: »Los necesitamos«.

La crónica Amway sí destaca los años 1981 a 1984, con la apertura del Hotel Grand Plaza de Amway en Grand Rapids, el lanzamiento de Amway Taiwan, un club Diamante en Hawai y un cheque de más de un millón de dólares como donación. Pero, ¿eso fue todo?

Durante ese mismo periodo, las ganancias alemanas crecieron sostenidamente. La organización azul oscuro creció y se expandió, mientras que la azul pálido sufría estancamientos o retrocesos. En 1982, Gabi y Michael Strachowitz y Max y Marianne Schwarz llegaron a ser Embajadores Corona. En el año fiscal de 1983-84 nuestra organización incluía a más de 50 Diamantes.

Para 1984 se proyectaron más éxitos nunca antes registrados. Fue el año más prometedor para Amway. Comenzamos en enero con dos reuniones de arranque del año con un total de 30,000 distribuidores.

En mayo, Rich de Vos, cofundador y presidente de la compañía, visitó Alemania. Se quedó en nuestra casa; organizamos una reunión con todos nuestros DD Diamante. Todos nuestros distribuidores escucharon sus discursos. Las entradas en Augsburg y Dortmund se agotaron. Después de esto, hicimos un viaje a Irlanda con los miembros de las 15 líneas que encabezábamos.

Del 6 al 19 de junio instalamos un puente aéreo entre Alemania y Grand Rapids. Cinco mil distribuidores Amway visitaron la compañía matriz en Ada, Michigan.

Nuestra gran actividad final se llevó a cabo hacia finales de julio en Salón Westfalia: tres reuniones de arranque con un total de 45,000 participantes. Ahí anunciamos un concurso: la cosa de los diez millones.

Después de la reunión final, Max y Marianne Schawarz anunciaron que se separarían de nosotros, junto con la mayoría de nuestras organizaciones. A pesar de esta separación, el concurso reportó a Amway una ganancia superior a los diez millones. Cuando comenzamos en 1975-76, el volumen de ventas de Amway Alemania era de 1,2 milliones marcos[1]. El año fiscal de 1983-84 cerró con ganancias por 160 milliones marcos[2].

La separación ocurrida en julio no fue algo bueno para Schwarz ni para Amway. Las ganancias alemanas se redujeron a un tercio de lo que habían venido siendo. La recuperación de Amway de este duro golpe tomó seis largos años. Max y Marianne Schwarz, junto con sus

---
[1] Cerca 600,000 € o 840,000 $

[2] Cerca 80 milliones € o 112 milliones $

seguidores, se mudaron a Austria. El siguiente capítulo aborda cómo nos sentíamos entonces. También a nosotros nos llevó muchos años recuperar nuestro equilibrio interno.

6.
MI CUMPLEAÑOS EN 1984

Eva Müller-Meerkatz

El fuego aparece espontáneamente en áreas no planeadas.

Richard Burk

El texto de este capítulo fue grabado por mi esposa en una cinta, inmediatamente después de las actividades de apertura de Dortmund y la separación de los Schwarz. Pensamos en mandar copias de la grabación a todos los distribuidores de nuestras líneas de patrocinio, pero después decidimos no hacerlo. Mi esposa creyó mejor no molestar a otros con sus propias emociones y sentimientos. La cinta permaneció en nuestra caja fuerte. Hoy, diez años después, es un documento de su época que describe perfectamente las razones de nuestro retiro temporal del negocio Amway.

Hoy es 2 de agosto y es mi cumpleaños. Normalmente, un cumpleaños es un día de celebración, pero mi esposo y yo estamos pasmados ante una situación que nos parece inexplicable. Quisiera aprovechar esta oportunidad para agradecer a todos los líderes que enviaron telegramas de felicitación, y por las muchas, muchas tarjetas y flores que llegaron a mi casa. Sin embargo, no puedo agradecer a aquéllos que me han dado un regalo de diferente naturaleza. Me refiero a los que nos han acompañado en los últimos años y que ahora, sin explicación de por medio, escogen seguir su propio camino, de una manera que me es difícil entender.

Hoy, un DD Diamante me entregó una carta que le enviaron Max y Marianne Schwarz. He leído esta carta y debo decir que me deja sin habla. Ha sido durante siete años, tres de ellos muy buenos, que los Schwarz trabajaron con nosotros, ¡pero el último año y medio no fue lo que ellos esperaban de nosotros!

Quizá hemos cometido errores, claro que es posible. Quizá el problema fue el gran tamaño de nuestra organización, la inmensa carga de trabajo que acometimos con el fin de ayudar a otros, entre ellos a los Schwarz, a construir su negocio. Para nosotros, para nuestros hijos, para nuestros otros grupos siempre tuvimos demasiado poco tiempo, porque sólo queríamos una sola cosa: evitarles destinar tiempo al trabajo organizativo y a muchas otras cosas. Cosas que ciertamente Max y Marianne Schawarz no entendían, incluso ahora no entienden, porque nunca tuvieron que hacerlas, porque nos esforzamos al máximo por darles la posibilidad de concentrarse solamente en construir su negocio.

La carta de los Schwarz es muy clara y aun así nos resulta incomprensible. Durante siete años trabajamos juntos y durante siete años este negocio fue nuestra vida. Durante siete años tratamos a nuestros socios casi como a nuestros hijos. No es la primera vez que alguien se separa de nuestra organización porque no le gusta nuestra forma de trabajar. Sin embargo, es sorprendente que ninguna de las personas que se ha separado, ha seguido creciendo después. Fue Marianne Schwarz quien, después de una de estas separaciones en 1980, me convenció de no abandonar el negocio con la frase: »¡Todos te necesitamos!«

Nuevamente, son Max y Marianne Schwarz quienes hoy nos llevan a tomar una decisión. Decisión que ciertamente no será la que muchos esperan. Seguiremos trabajando con aquéllos que quieran trabajar con nosotros.

Hay tanto que no podemos entender, que nos resulta incomprensible. Durante meses, percibimos que se estaba dando un proceso de cambio no manifiesto, mas nadie habló con nosotros sobre dicho proceso. Recuerdo el viaje en tren a Dortmund. Le pregunté a Marianne Schwarz: -¿Qué pasa en Freiburg? Nuestra oficina ha llamado. La gente está confundida en torno a nuestro seminario de formación.

Me contestó con una explicación bastante sensata, pero yo seguía pensando: »¿Por qué sospecho algo? ¿Por qué no puedo creer que todo está en orden?«

Recuerdo una conversación, a mediados de julio, cuando nos llamaron de un hotel de Berlín, preguntando por qué queríamos reservar una segunda fecha de entrenamiento, si un Distribuidor Directo ya había apartado todas las fechas hasta el final de 1984. Yo no podía imaginar a un Distribuidor Directo tomando el riesgo de adelantar la cantidad de 1,000 DM[1] por semana, así que llamé a Max y le pregunté: -¿Qué pasa en Berlín?

Me explicó entonces que un Distribuidor Directo había decidido iniciar otro negocio. No había duda de que las sesiones de formación eran para este negocio, no para Amway.

Recuerdo muchas otras conversaciones. Recibí muchas explicaciones razonables en cada ocasión. Por ejemplo, alguien de la organización Strachowitz había asistido a una reunión de Max y Marianne Schwarz y

---
[1] Cerca 500 € o 700 $

por casualidad llegó a sus manos un formato de pre-registro para el seminario de otoño. El precio que aparecía era 285 DM, no 275 DM[1]). Cuando le pregunté a Max el porqué de la diferencia, me contestó: -Porque suponemos un aumento de precios para entonces. Es más difícil pedir a la gente un pago suplementario después de la reunión.

La explicación me pareció sensata. Para todo, para todas nuestras dudas siempre hubo explicaciones razonables. Durante meses hubo oportunidades para que habláramos, mas siempre recibíamos explicaciones lógicas y perfectas.

Se realizó entonces la convención de Dortmunder Westphalenhalle, actividad de gran importancia. Nos fuimos en auto, juntos, hasta Dortmund. Cenamos juntos y planeamos las cosas: cómo haríamos los reconocimientos, quién estaría a cargo de cada una de las tareas pendientes.

Nos sentamos juntos en Dortmund: discutíamos los seminarios especiales de formación de la semana entrante y todo parecía estar en perfecto orden. Esa mañana de domingo, Max Schwarz había ofrecido asumir la responsabilidad de muchos de los seminarios extra, programados para la semana del 5 al 10 de agosto. Hablábamos sobre la naturaleza de estos seminarios, qué diríamos a los Distribuidores Directos y qué les daríamos para que las posteriores semanas de agosto fueran un éxito.

---
[1]) Cerca 143 € o bien 138 € o 200 $ o bien 193 $

Las dos últimas reuniones de la actividad se llevaron a cabo en la tarde y la noche del domingo. En cuanto mi esposo y yo bajamos del escenario, Max y Marianne Schwarz nos preguntaron si podían hablar con nosotros, junto con Jim Sykes, el director administrativo de Amway Alemania.

Nos reunimos en nuestro cuarto de hotel a la una de la madrugada. Nos dijeron que querían y necesitaban separarse de nosotros. No tenía sentido entrar, en este punto, a una serie de discusiones de diversa índole. Mi esposo y yo estábamos tan confundidos y atontados en ese momento que no era buena idea ponernos a discutir.

Había tantas cosas que no podíamos entender, incluso ahora no las entendemos.

Recuerdo bien a Max y Marianne sentados en el sofá de nuestra sala, una noche en febrero de 1984. Su situación financiera no estaba nada bien en esos momentos. Sin vacilación les ofrecimos 25,000 marcos[1]. No puedo entender cómo alguien puede olvidar semejante gesto.

Tampoco puede entender a ninguno de los Diamantes que se fueron junto con los Schwarz. Apenas en diciembre habían volado a Ada con nosotros. Fue un viaje que habíamos querido hacer con personas que confiaban en nosotros y en quien nosotros confiábamos, un viaje con amigos. No puedo entender a los Diamantes que volaron a Ada, Michigan con nosotros y que más tarde aceptaron nuestra invitación a Irlanda. Para mí, esto es incomprensible.

Puedo entender el que alguien diga: Quiero po-

[1] Cerca 12,500 € o 17,500 $

ner mi propio negocio, quiero llevar a la práctica mis propias ideas. Sí puedo entender eso; lo que no puedo entender es la forma de hacerlo.

Desde 1979 tratamos de establecer centros de formación en Alemania y Suiza, con gran esfuerzo y energía de parte nuestra y con increíbles pérdidas en la etapa de arranque. Actualmente, esos centros de formación están abiertos y en funcionamiento.

En la carta de Max y Marianne Schwarz dirigida a los Distribuidores Directos, hay una lista de los centros de formación con los que tenemos un contrato: el de Bamberg, el de Donauwörth, los centros de Wiesendorf, Gütersloh, Saarbrücken y muchos otros, en la misma ciudad. ¿Cuánta gente está ahí, sentada, siendo mal informada, sin saber que estos centros ya no forman parte de WWD?

El jueves en Freiburg se anunció que ahora los días regulares de seminarios serían los martes, sin dejar claro que ese centro ya no sería parte de WWD.

¡Estos centros son y han sido algo muy querido por nosotros, algo en lo que pusimos tanto tiempo y esfuerzo para verlos de pie y andando!

Nunca olvidaré los últimos días. El lunes, mi esposo y yo regresábamos a casa desde Dortmund. Él se bajó del tren en Heidelberg, rentó un coche y manejó a Würzburg. Ahí encabezó una sesión de formación y trató de hablar con los Distribuidores Directos. No puedo entender cómo este centro de formación intercambió su lealtad de un día para otro.

El martes, los dos estábamos en el centro de Heilbronn y ¿a quién encontramos ahí? A los pocos leales dispuestos a seguir en las buenas y en las malas con nosotros. Al resto le habían llamado o escrito para decirle que no fuera a la sesión puesto que no se llevaría a cabo.

    El miércoles mi esposo y yo fuimos en auto a Frankfurt. En mi condición - con ocho meses de embarazo - no me era cómodo recorrer en auto 1000 kilómetros en un solo día, pero en Frankfurt vimos a mucha gente. Nos hizo bien ver que muchos nos seguían siendo leales. A un DD Rubí con quien hablé, le pregunté: -¿Por qué has venido aquí esta noche?

    -Durante dos años mi up linee jamás se tomó el tiempo de guiarme, nunca hizo nada por mí. Durante dos años me he sentido muy bien en este centro de formación y he tenido que arreglármelas yo solo. Sorprendentemente, el lunes y el martes mi up linee encontró tiempo para hablar conmigo sólo para convencerme de no venir a este centro tan especial. Estoy seguro de que algo feo está sucediendo aquí.

    No se imaginan lo llenos de miedo que estábamos en el camino a Frankfurt. Tampoco pueden imaginarse lo que sentí cuando me encontré hablando frente a un salón lleno, cuando nos dimos cuenta de cuántos nos respaldaban todavía.

Alguien me preguntó: -¿Qué pasará con aquéllos que participaron en la promoción de Dortmunder Westphalenhalle y que ya no podrán asistir a los centros de formación WWD?

Estoy consciente de ello y se me rompe el corazón. Esta promoción, ala que llamamos plan de ventas de 10 millones en una semana con premios por 100.000 DM, había sido una idea mía. Estaba tan entusiasmada con ella. Estábamos dispuestos a hacer cualquier cosa, incluso invertir 100,000 DM[1]).

Duele ver lo que se ha hecho de todo esto, cómo puede uno despojar a los distribuidores de su éxito. Sé que nunca podremos conseguir las direcciones de los distribuidores que decidieron irse con los Schwarz. Ninguno de estos distribuidores podrá participar en la promoción, tampoco tendremos la oportunidad de hacer algo por ellos. Enfrentamos esta situación con impotencia y frustración. En Dortmund, mi esposo y yo habíamos prometido tres viajes de ensueño a Barbados y ofrecimos un coche al mejor vendedor.

Ninguno de estos distribuidores tendrá la oportunidad de obtener un premio. ¿Acaso no merece el distribuidor, especialmente el »pequeño« que trabaja con tanto empeño, ser tratado con justicia y propiedad?

El martes, mientras estábamos en Heilbronn, un notario y un abogado de Augsburg supervisaron la premiación de nuestra promoción. Por supuesto, yo sabía que en el sorteo para los clientes muchos sufrirían el hecho de nunca recibir sus premios puesto que los que se fueron nunca reportaron sus boletos.

Lo que pasó me pareció terriblemente injusto porque el »pequeño« no tenía ni idea de lo que estaba sucediendo, ni por qué estaba sucediendo. Ni yo misma lo entiendo.

---

[1] Cerca 50,000 € o 70,000 $

Hay tanto que no puedo entender. En Heilbronn, un distribuidor directo se me acercó: -¿Qué pasará con mi solicitud para el seminario, que entregué a Charlotte? -No lo sé. Pregúnteselo a Charlotte. Supongo que tendrá que ir a Sauerland-Stern, ya que es muy probable que nunca recibamos esas solicitudes. -No quiero ir a Sauerland-Stern- dijo el hombre con tono triste -tampoco mi gente. Hemos estado en Obsteig-Tirol seis veces y es ahí adonde pertenecemos.

Me llena de tristeza saber que muchos no tienen idea de lo que sucederá con ellos. Ni yo ni mi esposo entendemos por qué está sucediendo todo esto. Nunca lo entenderemos.

Nunca entenderemos cómo un Distribuidor Directo es llevado a firmar rápidamente un pedazo de papel en el que expresa que es su voluntad trabajar con otra persona. Me pregunto: ¿Dónde está la libertad en este proceder? Jamás hemos forzado a nadie a firmar un papel en el que se certifique que está dispuesto a trabajar con los MM por su propia voluntad. Seguiremos trabajando con aquéllos que quieran trabajar con nosotros. Lucharemos y estoy segura de que ganaremos porque este negocio es nuestra vida.

Hoy tendremos que escuchar, desde el escenario, cómo nos ataca un Diamante durante más de una hora, diciendo, por ejemplo, que alguien tuvo que rescatar a Amway Alemania porque los MM se dedicaron a destruir el negocio en los últimos dos años. Muchas cosas se dirán de nosotros en los años siguientes, pero una cosa sí sé: que siempre estuvimos profundamente involucrados, que siempre tratamos de dar a todos lo más que se podía. Sé que para muchos esto no fue suficiente, pero el día tiene sólo 24 horas. Desafortunadamente, uno no puede trabajar 30 horas al día cuando éste tiene sólo 24. Simplemente es imposible.

Sé que hemos hecho todo lo humanamente posible. Trabajábamos día y noche. Tratamos de enseñar el camino hacia el éxito. Es natural que a algunos no les gustara cuando a sus quejas de que nada estaba funcionando nosotros respondimos: Patrocina a otros. Ciertamente para uno o para otro era más cómodo irse con otro que le diera, palmaditas en la espalda y dijera: »Vamos, puedes hacerlo, eres el mejor, el más lindo, el mejor«, pero estas palmaditas en la espalda no eran la solución si nada cambiaba después.

Quizá fuimos demasiado honestos. Quizá siempre tratamos de encontrar una solución verdadera. Quizá también para nosotros hubiera sido más fácil decir: Puedes lograrlo, puedes hacerlo con tus manos atadas por la espalda.

Sin embargo, siempre supimos lo que construir este negocio requiere y siempre lo gritamos a los cuatro vientos porque era de nuestro interés que la gente hiciera dinero. Estábamos interesados en que todos hicieran dinero porque estábamos personalmente involucrados en las ganancias de todos. Quizá otros no habrían tenido este interés por ser cross-line.

Quizá muchos se fueron porque esperaban una

asesoría más personalizada. Me sorprende ver que nadie se dé cuenta de que los otros tampoco tienen el tiempo para guiar a cinco mil o más distribuidores a la semana. De haber tenido el tiempo, sin duda lo hubiéramos hecho. Siempre hemos puesto toda nuestra fuerza y energía en este negocio.

Recuerdo cuando los Schwarz estaban en nuestra casa. Recuerdo la noche en que finalmente decidieron retomar el negocio y seguir nuestro consejo. Alcanzaron el éxito.

Puedo recordar las numerosas pláticas con nuestros DD Diamante. Ellos también alcanzaron el éxito. Nunca entenderé cómo la gente puede olvidar a aquéllos que la han ayudado a alcanzar el éxito y a estar donde están ahora.

Nosotros, mi esposo y yo, hemos tomado una decisión: no nos quedaremos parados esperando a ver qué sucede. No nos sentaremos, esquivos y vacilantes. Comenzaremos a ir en auto a nuestros centros de formación otra vez, aun cuando eso signifique levantarse a las siete de la mañana y llegar a casa entrada la noche. Aunque nuestro hijo esté próximo a nacer, continuaremos haciendo esto porque queremos seguir ayudando a los que nos han probado lealtad y porque nos sentimos responsables por los que han caminado junto a nosotros durante largo tramo.

Trabajaremos para los que, en estos días, siguen a nuestro lado. Trabajaremos para los que nos han sido leales. Trabajaremos para los que quieren seguir caminando con nosotros. También estaremos ahí para los que se han ido: porque han sido engañados, porque las promesas que les hicieron no podrán ser cumplidas. Sé que muchos encontrarán el camino que los traerá de vuelta a nosotros. Nos sentimos contentos por aquéllos que encuentren el camino de regreso a casa. Estaremos juntos y juntos terminaremos el proyecto que mi esposo y yo comenzamos.

7.
¡AHORA MÁS QUE NUNCA!

Eva Müller-Meerkatz

No hay azar ni destino ni fortuna que pueda desviar, obstaculizar o controlar la firme resolución de un alma determinada.

Ella Wheeler Wilcox

Creo que nuestro negocio creció porque siempre funcionó como una sociedad. Mi esposo nunca esperó que yo hiciera más de lo que él podía hacer, ni yo esperaba que lograra nada que yo misma no podía lograr. En realidad, nuestro negocio había empezado mucho antes de que supiéramos de Amway. Creo que nuestra historia comenzó el 9 de diciembre de 1972, hace más de 15 años.

El 9 de diciembre de 1972 nació nuestro hijo Michael, a la medianoche. Todos decían una y otra vez que era un niño adorable y hermoso. Cuando sostuve a Michi en mis brazos esa mañana, me dije: Algo está mal con este niño y le expresé mis dudas a la enfermera. -No- contestó ella -el niño está bien, es un niño hermoso.

 A las diez de la mañana tuve un extraño presentimiento y dije: Algo está mal con este niño. Hablé con el doctor. Me dijo que el niño estaba bien. Fui a almorzar con mi madre. Regresé al hospital a las dos de la tarde. Sostuve a mi hijo en brazos y dije: Algo está mal con este niño. Nadie quería creerme. A las cinco de la tarde, llamé al doctor y le dije: Algo está mal con este niño.

 A las seis de la tarde, Michi fue transferido a la unidad de cuidados intensivos. En un lapso de dieciocho meses fue intervenido quirúrgicamente dieciocho veces. Teníamos que alimentarlo artificialmente. Pasábamos día y noche con él. Al nacer, Michi pesó diez libras. El 29 de abril de 1974, Michi murió con un peso de sólo cuatro libras. Lo peor era que su cerebro funcionaba perfectamente, pero su cuerpo nunca creció. Era terriblemente doloroso verlo esforzándose y no poder hacer nada por él. Durante todo ese tiempo tratamos de hallar una solución, pero nunca dimos con una.

Jamás olvidaré el día en que llevamos a Michael al hospital por última vez. Era muy temprano en la mañana. Senté a Susan, de cuatro años entonces, David, de cinco y Peter, de seis, en el asiento trasero de nuestro coche. Mi esposo iba en el asiento delantero -no tenía carné de conducir todavía- y llevaba en sus brazos al pequeño bultito humano. Yo conduje el coche para ir al hospital. Sabíamos a lo que íbamos, de alguna manera.
    Mi madre llegó al hospital a recoger a los niños y nosotros estuvimos con Michael durante sus últimas horas. Después supimos cuánto esfuerzo exige conseguir todo el papeleo para un funeral. A la una de la tarde nos fuimos en coche a la universidad.

El profesor en jefe de Peter lo recibió con la exigencia de estar en una reunión a las dos de la tarde. -No puedo ir a esa reunión- contestó mi esposo, en tono apesadumbrado. -Nuestro hijo acaba de morir. No puedo dejar a mi esposa sola en estos momentos. -En tanto recibas un sueldo de este estado, de este gobierno y de esta universidad, tú tienes que estar en esa reunión a las dos- contestó el profesor. Mi esposo asistió a la reunión a las dos de la tarde.

Fue este día cuando tomé la decisión. A partir de ese día nos emplearíamos a nosotros mismos, a partir de ese día nadie nos diría cuándo ni dónde deberíamos estar para trabajar. Ese día fue el 29 de abril de 1974.

A las cinco de la tarde, llegamos a casa de mis padres. Lo primero que dijo mi madre fue:
-Todo está bien, todo está bien.
-¿Qué pasa, madre?
-Los niños están aquí, no te preocupes por nada.
-Madre, ¿qué ha sucedido?
-Todos están aquí- repetía ella.

Susan se había caído en la fábrica de mi padre y su pierna había quedado atrapada en una banda sin fin. Estaba rota en diversos puntos y totalmente aplastada. David se había caído de un columpio en el jardín de juegos y había sufrido conmoción cerebral. Esa misma tarde, a las siete, volvimos al hospital con los dos niños.

Susan se quedó internada en el hospital durante seis meses, en una habitación contigua a la habitación donde había muerto Michael. David permaneció en el mismo hospital durante nueve meses.

Tres días después de que mis hijos fueron internados, se hizo el funeral. Asistimos mi esposo, mi hijo Peter y yo. Al siguiente día, mi esposo me llevó a otro hospital. Yo tenía siete meses de embarazo y el bebé murió. También perdí a este niño.

De todo esto aprendí mucho. Aprendí que no importa cuan larga o corta sea la vida, uno debe hacer de ella lo mejor. Lo mejor para uno mismo, lo mejor para la familia y lo mejor para todos los que lo rodean a uno. Aprendí a no salir a buscar problemas, sino soluciones.

Comenzamos este negocio a principios de 1976 y jamás olvidaré la reunión en el Hotel Penta de Munich. Un caballero recibió ahí su »pin« Rubí. Para mí, un volumen Rubí era algo fantástico: ¡30,000 puntos al mes, algo fabuloso, y tanto dinero! Fui con Lee Penner y le dije: -Quiero hacerte una apuesta- a lo que él se negó[1]).

Llegó noviembre de 1976. Lee Penner ya no está en el negocio. En noviembre alcanzamos ganancias superiores a 100,000 puntos, tan sólo ocho meses después de estar en el negocio.

En febrero de 1977, doce meses después de haber empezado el negocio, calificamos como Esmeralda. En abril, calificamos como Diamante con siete patas al 21%. En octubre, llegamos a Doble Diamante. En enero de 1979, logramos ser Embajadores Corona, los primeros fuera de Estados Unidos. En agosto de 1984, cerramos el año fiscal de Amway con 54 Diamantes, tres Triple Diamante y tres Embajadores Corona en nuestra organización. Después ¡nos retiramos!

En los años de 1982, 1983 y 1984 tuvimos tres hijos más: dos niños y una niña. Les llamamos »la segunda generación«. El periodo 1982-84 fue el de mayor crecimiento que Amway Alemania había registrado hasta entonces. No sólo nuestra familia creció, también el negocio lo hizo.

¿Qué hicimos después de 1984? Viajamos. Nuestro hijo Daniel, el mayor de la segunda generación, tenía dieciocho meses; en su pasaporte infantil tiene dieciocho sellos de entrada a dieciocho países diferentes.

---
[1]) Comp. cap. "Los primeros treinta días (Oeste)"

La vida nos trataba bien, Amway nos trataba bien. Amway mismo pagó muchos de nuestros viajes.

Recuerdo un incidente: habíamos llegado de algún lugar del Sur, junto con los tres pequeños, y estaba lloviendo mucho en Munich. Llovía sin parar. Le dije a mí esposo: -¡Busquemos el siguiente avión que salga hacia el Sur! Así lo hicimos. Ni siquiera fuimos a casa a cambiarnos de ropa.

¿Nuestro ingreso se vio afectado por nuestra pereza? No. Nuestros ingresos crecieron. Aunque no estábamos ahí, nuestro negocio creció. Todo marchaba perfecto. El dinero llegaba mes tras mes . Supimos lo que era volar en primera clase. Supimos que los hoteles tenían suites, con sala, no sólo con cuarto. Supimos dónde se localizaban los mejores hoteles del mundo. Conocimos las mejores playas del mundo. Supimos cuánto dinero se puede gastar en ropa.

En esto último yo estoy dotada. Lo hago sin ningún esfuerzo. Conozco a todos los grandes diseñadores, las marcas de renombre y cuánto pueden llegar a costar sus prendas. ¡Gastar 2000 dólares en un traje no es problema!

La vida realmente nos trató bien y también Amway lo hizo. Los cheques de Amway llegaban mes tras mes. Luego, llegó agosto de 1988. Quizá seguiríamos viajando por el mundo de no haber sido por agosto de 1988.

Nuestra »primera generación« ya había crecido. Birgit estudió derecho en Augsburg. David había terminado su preparatoria. Susan tenía diecisiete años y estaba para empezar a cursarla; y estaba Peter, nuestro hijo mayor.

En Alemania no es posible evitar el servicio militar. Todos los jóvenes son reclutados para hacerlo. Pero Peter siempre decía: -Yo no iré al ejército- y todos le decíamos: -Peter, eso no es posible. Todos los jóvenes deben hacer el servicio militar-. Peter insistía: -Yo no lo haré-.

Quizá Peter era el único joven en Alemania que pensaba llevar al gobierno a juicio. Nuestros abogados nos decían que era una locura. Nos aconsejaban no tirar el dinero sin razón porque Peter no tenía ninguna oportunidad de ganar el juicio. Pero Peter insistía: -No voy a tocar una pistola. Nadie me va a enseñar cómo matar a una persona. No iré al ejército-.

Finalmente, Peter comenzó a tener fuertes dolores de estómago. Tenía tan fuertes dolores de estómago que recurrió a los especialistas. Yo no me preocupaba porque sabía que Peter insistía en no ir al servicio militar. Evidentemente, los especialistas en dolores de estómago no le ayudaron.

Finalmente, los problemas en los ojos se presentaron. No podía ver bien. Tenía terribles dolores de cabeza. Yo no me preocupaba. Yo sabía: Peter no irá al ejército. Llegó agosto de 1988.

Estaba yo jugando con los tres más pequeños en el jardín. Más tarde, iríamos a visitar a mi madre para comer con ella. Antes de llegar a su casa, pasé a la oficina y encontré las luces encendidas. Ahí estaba mi hijo de veinte años, sentado a la mesa, llorando amargamente.

-Peter, ¿qué pasa?

-Mamá, acabo de recibir los resultados de mi tomografía. Tengo un tumor cerebral y me dan tres meses de vida.

No, pensé, esto no puede ser. Esto simplemente no puede ser. Dios mío, ¿por qué me haces esto? ¿Por qué lo dejarás vivir sólo veinte años? ¿Por qué te llevas a otro hijo mío? ¡No me puedes hacer esto!

Recorrimos toda Europa. No encontramos a un solo doctor que estuviera dispuesto a operar a Peter. Todos nos decían que era inútil y que no había ninguna esperanza.

En septiembre de 1988 asistimos a una reunión de Distribuidores Directos Esmeralda sólo para distraernos un poco del drama que estábamos viviendo. En la cena, compartimos mesa con Dick de Vos y su esposa Betsy. Ambos nos conocían como personas sonrientes, felices y radiantes, así que Dick de Vos me dijo:

-Eva, ¿qué te pasa? Te ves tan apesadumbrada.

-Dick, tenemos un problema. Peter tiene un tumor cerebral y no llegará vivo a la Navidad.

Betsy de Vos se levantó y se alejó. Regreso media hora después. -Quizá tenga una solución para ustedes- dijo.

Amway hizo llegar los resultados de los estudios a Grand Rapids. Dos días después estábamos volando hacia allá. Llegamos al Hotel Grand Plaza de Amway en

Grand Rapids. Ocupamos dos lindas habitaciones. Fue la corporación Amway la que nos consiguió un cirujano. La gente de Amway hizo mucho por nosotros en esos momentos.

Al siguiente día examinaron a Peter. Cuando regresamos al hotel y pedimos las llaves de nuestras habitaciones, la recepcionista nos dijo que nos habían transferido a nuevas habitaciones. Rich de Vos, el director general y cofundador de la compañía, había arreglado que nos acomodaran en su propia suite.

Nos quedamos en la suite penthouse del Grand Plaza de Amway durante una semana, al término de la cual había que tomar una decisión. Así nos lo pidieron los médicos del Hospital Butterworth. Nos dijeron que no había garantía de nada, pero que intentarían la operación.

Ahí estábamos, pensando las cosas una y otra vez. ¿Cómo sería nuestra vida después si tomábamos la decisión equivocada? Si Peter no sobrevivía a la operación, ¿qué haríamos entonces? Yo pensé: Quizá debamos estar con Peter los siguientes dos meses y tratar de que los viva lo mejor posible.

Pero luego traté de imaginar cómo serían esos dos meses, tanto para Peter como para sus hermanos y hermanas y para nosotros.

Finalmente, tomamos la decisión: que lo operaran. Al siguiente día, Peter fue intervenido.

Muchas veces le he preguntado a mi marido si puede recordar dónde pasamos la noche anterior a la operación. Simplemente no podemos recordarlo. Sabemos que entre las once y la medianoche, fuimos al hospital. Podemos recordar que entramos en el elevador. Lo que pasó después se borró de nuestra memoria. No tenemos idea de dónde pasamos la noche.

Recuerdo el día de la operación. Se nos instaló una línea directa entre la suite de Rich de Vos y el quirófano del Hospital Butterworth. Cada media hora se nos informaba cómo iba todo. A las dos de la tarde nos llamaron y nos dijeron que habían terminado y que ahora procederían a cerrar el cráneo.

Fuimos en coche al hospital y esperamos. Nadie puede imaginar lo que se siente al ver una camilla saliendo del quirófano, llevando a su hijo ¡vivo! Esa misma tarde supimos que esta operación se había realizado sólo nueve veces en todo el mundo y que Peter era el primero en sobrevivirla.

Dos semanas después volamos de regreso a Alemania con nuestro hijo totalmente recuperado. Llamamos a la familia y a los amigos. Mi esposa llamó a su hermana, en Berlín, donde trabajaba en una facultad de medicina. Le dijo: -Todo salió bien. Peter está vivo y en perfectas condiciones.

-Bien, ahora ya saben lo que puede comprar el dinero- contestó ella.

Esta frase fue importante para nosotros; sin duda, muy importante. »Bien, ahora ya saben lo que puede comprar el dinero.« Nos hizo conscientes de que mucha gente no tiene idea de para qué pueden necesitar el dinero algún día, quizá lleguen a necesitarlo con extrema urgencia.

Llegamos a una conclusión: teníamos una obligación que cumplir. Tenemos una deuda que pagar. Tenemos un mensaje para muchas personas que no saben qué puede ser de ellas el día de mañana o más adelante. Ésta es la razón por la que regresamos a trabajar. Muchos pueden pensar: fue por el dinero, mas no pudo ser sólo el dinero lo que nos llevó al Este.

Cuando fuimos al Este, no teníamos idea de lo que íbamos a encontrar. No sabíamos lo que significaba vivir sin ducha o inodoro. No imaginamos que equivaldría a estar en un coche hasta las cuatro de la mañana. No sabíamos que mostraríamos el plan una y otra vez, noche tras noche, en la sala de las casas de las personas. Lo que más extrañamos durante ese año que estuvimos en el Este fue a nuestros hijos pequeños, a quienes veíamos muy de vez en cuando.

Nuestra estancia en la ex-Alemania del Este fue para pagar una deuda, pero ganamos tanto, mucho más de lo que imaginamos.

En abril de 1992 recibimos un gran cheque de parte de Rich de Vos, firmado con la palabra »Gracias«.

En 1989 asistimos a la reunión de líderes alemanes en Budapest con 30 Distribuidores Directos. En 1991 asistimos al Seminario de Liderazgo Alemán en Malta con 1300 Distribuidores Directos. Era obvio que lo imposible había sido posible.

Llevamos 20 parejas al Foro Diamante en Gleneagles, Escocia. Ninguna de las 20 parejas conocía

Amway antes. Llevamos 12 parejas a la Conferencia de Diamantes Ejecutivos en Hawai, muchas de las cuales llevaban menos de dos años como distribuidores. En Hawai celebramos el segundo aniversario de Amway con un Doble Diamante.

1991 cerró con once nuevos Diamantes, dos nuevos Diamantes Ejecutivos, un Triple Diamante y un Embajador Corona, recientemente calificado en Alemania. Parecía imposible. Sin embargo, si realmente deseas algo, puedes lograr lo imposible. Sólo tienes que creer en eso.

Cuando fuimos al Este teníamos la intención de pagar una deuda, ¡pero recibimos mucho más a cambio!

Cuando en 1991 fuimos al Este, comenzamos un concurso de patrocinios. Dijimos: El que patrocine a seis nuevas personas en cuatro semanas recibirá una invitación a un seminario[1]. Jamás pedimos a nuestros distribuidores algo que no haríamos nosotros, así que nos dispusimos a patrocinar a seis nuevos distribuidores.

En enero y febrero patrocinamos a los nuevos distribuidores; en marzo ya habían calificado como Productores Plata y todos ellos tomaron parte del Seminario de Liderazgo como nuevos Distribuidores Directos.

Es simple y cualquier persona puede lograrlo. Todo es posible si uno realmente quiere que sea posible. En el negocio Amway, suerte se deletrea de la siguiente manera:

$$T - R - A - B - A - J - O$$

---

[1] Comp. capítulo "Los primeros treinta años (Este)"

FOTOS

Arriba: En el año 1976 teníamos este aspecto. En ese momento teníamos 36 y 30 años de edad.
Abajo: 35 años después, ya tal vez un poco más maduros.

Página interior de AMAGRAM de diciembre de 1977: Eva marcó con MM a los nuevos empresarios exitosos que surgieron de nuestro negocio.

Arriba: En la tercera convención de Amway de 1978 en Frankfurt a. M. no pronunciamos ninguna disertación sino que representamos una conversación de ventas en el escenario.

Abajo: Una imagen del encuentro en el restaurante Löwenbräukeller en Munich, en diciembre de 1978 con motivo de nuestra calificación de Nuevos Coronas. Aparecemos en el escenario por primera y última vez con todas nuestras 25 líneas frontales calificadas alemanas.

Arriba: Frente a nuestra pequeña casa alquilada en Kissing 1977. Es ese momento nuestros niños todavía eran muy pequeños. De izq. a der.: Peter, nacido en 1967, Susan, nacida en 1970 y David, nacido en 1968.

Abajo: En la varanda frente a la casa de Susan en 2008. De izq. a der.: Birgit, nacido en 1964; Peter; Susan; Stefan, nacido en 1984; Eva; Dr. Peter; Michaela, nacida en 1983; Daniel, nacido en 1982; David. ¡Creció la familia!

Nuevamente en el restaurante Löwenbräukeller en diciembre de 1978: Eva muestra el cheque que Amway nos otorgó como premio.
Sostengo la corona que la madre de Eva había confeccionado para nosotros.

Arriba: Durante una pausa en un congreso en Schwielowsee, 1991.

Abajo: Eva rodeada por empresarios en un viaje en un buque de vapor en el lago Schwielowsee, 1991.

Arriba: En los comienzos en Alemania Oriental. Formación en la Cantina Pentacon Dresden, 1990.

Abajo: Encuentro de ejecutivos, Stadthalle, Magdeburg, 1991.

Arriba: Nuestro centro de convenciones en Obsteig, Tirol (1977-93) el día de llegada.

Abajo: Convención TOP4 en Taipeh, 2004: Corte ceremonial de la tarta de cumpleaños para el fundador de la empresa, Rich DeVos.

Arriba: Con el cofundador de Amway Rich DeVos y su esposa Helen en un crucero en el Mar Mediterráneo en 1990. De izq. a der.: Rich, Helen DeVos; Eva, Dr. MM.

Abajo: 1991 en Gleneagles, Escocia. Rich le susurra a Eva al oído -¡Puedes hacerlo!

Arriba: En 1992 pudimos comprar la casa de nuestros sueños en el valle del Danubio.

Abajo: En 1995 adquirimos una casa de vacaciones en los Alpes bávaros.

Arriba: En los Juegos Olímpicos de Verano en Atlanta 1996, donde fuimos invitados por Amway.

Abajo: En los Juegos Olímpicos de Verano en Pekín 2008, donde fuimos invitados por Amway.

Con empresarios en el Camino de Santiago en España, octubre de 2005, junio de 2006, septiembre de 2007, septiembre de 2009 y agosto de 2010.

Arriba: Eva con el cofundador Jay VanAndel (1924-2004) en su barco en Michigan. Esta es una de sus últimas fotos.

Abajo: La segunda generación se hizo cargo. Dialogando con Doug DeVos (Presidente) y Steve VanAndel (Chairman) frente al World Headquarter en Ada 2009.

Arriba: TOP4 Spring Convention 2007 en Grand Rapids. De izq. a der.: Steve VanAndel, Leonard y Esther Kim (Corea), Karou Nakajima (Japón), Barry Chi y Holly Chen (China), Doug DeVos.

Abajo izq.: TOP4 Spring Convention 2008 en Seúl.

Abajo der.: TOP4 Spring Convención 2001 en Kobe, Japón: Eva con el Doble Embajador Corona Nakajima-san.

Arriba: Ceremonia de apertura de la nueva oficina rusa de Amway en Moscú, 2005. A la derecha junto a Eva: Vice President Peter Strydom; completamente a la izquierda Senior Vice President Mark Beiderwieden.

Abajo: En la apertura de Amway Vietnam en Saigón, 2008.

Trabajo en Rusia 2007: A la mayoría de los lugares solo puedes accederse por tren.

Arriba: Saludo en Dscher Sinsk.

Abajo: En la Estación Central de Briansk con el Diamante Sergej Martinov.

Arriba: El éxito personificado. Diez Embajadores Corona en una cena festiva en Pekín 2008. ¡Pero el éxito también compromete!

Abajo: David MM y Dr. MM en una visita en el Hogar de Niños Discapacitados de San Petersburgo, patrocinado por ellos. Con Amway es posible.

Amway nos permite ayudar a niños, personas discapacitadas y a familias en situación de necesidad.

"Nuestra" familia en un pueblo en Vietnam del Norte, 2008.

En el Orfanato de Niños Discapacitados de Saigón, 2008.

En China 2008.

Arriba: Crucero en el río Yangtsé, un sueño anhelado por Eva durante mucho tiempo, hecho realidad.

Abajo: Frente a la entrada de la Ciudad Prohibida en Pekín con Leonard Kim y Barry Chi.

2008: El año comenzó en Las Vegas, en donde festejamos Año Nuevo con Holly Chen y Barry Chi (arriba) y finalizando con nuestra calificación como "Embajadores Corona Founders 50 FAA" (abajo con el Gerente alemán Dimitri van den Oever).

160

Encuentros prominentes
Arriba: Eva MM con la Primera Dama de los EE.UU., por aquel entonces, Barbara Bush, en Grand Rapids en 1983
Abajo: Con el hombre más rápido del mundo, por aquel entonces, Asafa Powell, en Buena Park , 2006

Encuentros prominentes (cont.)
Arriba: Con el ídolo futbolístico Ronaldinho, en
    Barcelona, 2007
Abajo: Dr. y Eva MM con el músico Elton John, en
    Las Vegas, 2009

¡50 años Amway 2009!

Arriba: Con nuestra limusina frente al World Headquarter en Ada, Michigan.

Abajo: Con el cofundador de Amway Rich DeVos en el Amway Grand Plaza Hotel en Grand Rapids (de izq. a der.: Bastian Berchtenbreiter y Michaela MM, Dr. y Eva, Doug DeVos, David MM y Evgenia Terekhova).

8.
NUESTRO SISTEMA ABC
Dr. Peter Müller-Meerkatz

Yo soy tu compañero constante. Soy tu mejor ayuda o tu más pesada carga.
Yo te empujaré hacia delante o te haré caer en el fracaso.
Estoy completamente a tus órdenes. La mitad de las cosas que haces, bien puedes pasármelas a mí y yo seré capaz de hacerlas rápida y correctamente.
Soy fácil de manejar, sólo debes ser firme conmigo.
Muéstrame cómo debe hacerse algo y después de algunas lecciones, yo lo haré automáticamente.
Sirvo a grandes hombres y, desgraciadamente, sirvo también a los que fracasan. A los primeros, yo los he hecho grandes; a los segundos, yo los he llevado al fracaso.
A pesar de que no soy una máquina, trabajo con la precisión de una máquina y la inteligencia de un ser humano. Me puedes hacer funcionar para que genere ganancias o para que te conduzca a la ruina. Me da lo mismo.
Tómame, enséñame, sé firme conmigo y pondré el mundo a tus pies.
Sé complaciente conmigo y te destruiré.
¿Quién soy? Soy el Hábito.

Anónimo

El negocio es sencillo. Esto no significa que es un negocio fácil. Sufres decepciones. Algunas veces lloras. A veces te sientes muy cansado. Pero las actividades en este negocio son sencillas. Cualquier cosa que las complique, es veneno para este negocio.

He conocido a gente fantástica en este negocio. Los admiro a todos. Conocí a alguien que era un as vendiendo baterías de cocina. Si traía a cinco personas a una demostración de baterías de cocina, las cinco personas compraban baterías y de esos cinco que habían asistido conseguía a otras cinco personas que comprarían otras cinco baterías de cocina. El hombre era fabuloso. Sin embargo, esta persona ya no está en el negocio. ¿Por qué? Hacía algo que no podía duplicar ninguno de los que él patrocinaba. La gente no podía imitar sus habilidades.

He conocido personas que pueden contactar en frío a cualquiera que se les atraviese e invitarlos a una reunión de oportunidad. Yo no puedo hacer eso. Se me dificulta comenzar una conversación con un camarero en un restaurante. Se me hace difícil invitarlo a una presentación del negocio. Se me dificulta empezar una conversación con el dueño de una tienda, pero conozco gente que sí puede hacer todo esto. Patrocinan a todo el mundo. Yo admiro a esta gente. Sin embargo, sus distribuidores no podían hacer lo que ellos hacían. Los distribuidores de estos "expertos" eran incapaces de duplicar lo que su patrocinador les enseñaba. No era lo suficientemente sencillo. Al contrario, era algo demasiado complicado.

Por lo tanto, en el negocio Amway debes hacer siempre lo que es sencillo y lo que cualquier persona puede duplicar. Lo que hagas debe ser lo suficientemente simple como para que cualquiera en tu organización lo pueda hacer.

Algunos profesionales, abogados, doctores, maestros, ingenieros, entran al negocio y a pesar de su inteligencia, de su educación, es muy difícil explicarles que el éxito en nuestro negocio consiste en hacer cosas muy simples. No pueden imaginarse ganando millones haciendo cosas simples. Por mi parte, nunca he tenido problemas: siempre he seguido a mi esposa y ella no piensa de una manera complicada.

¿Cuáles son las cosas sencillas en el negocio Amway? - Primero que nada: auspiciar personalmente frontales. El patrocinio en la anchura es un condición necesaria para el éxito, pero no suficiente. Conozco socios que tenían 50 frontales, sin embargo, ya no están en el negocio. Por lo tanto, aunque el patrocinio de frontales es una condición necesaria para el éxito, no es suficiente.

Figura 1

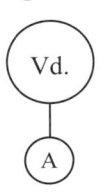

Cuando patrocinamos a alguien, debemos seguir el llamado Sistema ABC. Tú eres el círculo superior y lo primero que debes hacer es patrocinar personalmente[1]). Llamaré a tus nuevos patrocinados A. Aun cuando patrocines a 50 nuevos frontales A, no crecerás. Tu meta debe ser inmediatamente crear patas para las A, por ejemplo, B1, B2 y B3, en la figura 2. Luego debes asegurarte de que las B tengan patas, que serán las C. Luego, que las C tengan patas, y así sucesivamente.

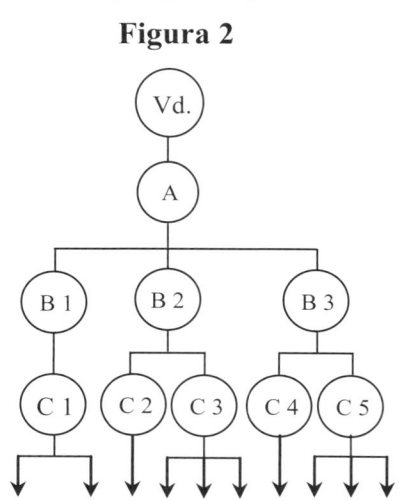

Figura 2

Una regla fundamental es: si tengo suficientes A con una profundidad de siete niveles, soy tan bueno como para calificar Directo. Debo trabajar la profundidad de esas patas, hasta que las primeras G entren al negocio.

Con este sistema ABC se puede ver perfectamente que es necesario ayudar a las A, a conseguir B, a las B a conseguir C, a las C a conseguir D, etcétera. En cuanto patrocinas un A, debes hacer una reunión de seguimiento esa misma semana. La única razón de esta

---
[1])Ver figura 1

reunión de seguimiento es que A invite a algunas parejas, a esta, con el fin de que tú des el plan y los patrocines debajo de A. Esta reunión servirá para que te hagas de las B. Con las personas B debes hacer una reunión la siguiente semana, en la que les ayudarás a auspiciar sus C. Así te vas abriendo paso en la profundidad. Ésta es la meta: ayudar a otros a auspiciar. Así entendemos nuestra labor de seguimiento como entrenadores.

Sin embargo, es fácil cometer errores como el que está ilustrado en la figura 3. Cuando patrocina a tres B en una reunión con A, tiendes a escoger al B más agradable para hacer la próxima reunión, en la figura, B3. A la reunión con B3, asistieron dos nuevos C, de los que tenderás a escoger al que te pareció más simpático, y con él organizarás un encuentro al que lleve a sus D.[1])

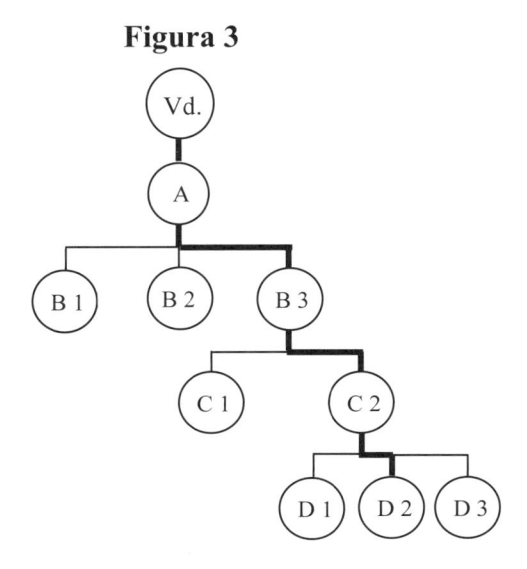

Figura 3

---
[1])Ver figura 3

¡Esto es erróneo! Ya que estás trabajando sólo con una pata.

Además, Has descuidado la condición del éxito, que consiste en patrocinar frontales. Por ello es mejor proceder de la siguiente manera: una vez que hayas patrocinado a A, organizas inmediatamente una reunión de seguimiento, en la que patrocines a, digamos, tres B[1]). Luego organizas un encuentro con uno de los tres B, por ejemplo, B3. Supongamos que B3 invite a tres parejas. Entonces también le dices a B2 y a B1 que traigan invitados a la reunión de B3. Así, en la reunión de B3 habrá gente de B3, de B2, de B1 y naturalmente A, trae a sus invitados.

Figura 4

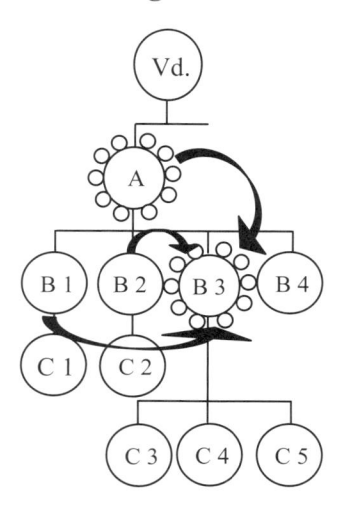

Cuando llegues a la casa de B3 verás que su sala parece un cine pequeño, por la forma en que la gente estará

---
[1]) Ver figura 4

sentada. Los delante estarán sentados en el piso, los de atrás estarán sentados en la ventana. No importa: cuantos más estén presentes, más firmarán.

Si procedes de esta manera, todos los distribuidores tendrán patas. A, también, quizá patrocine a una nueva pata, B4. El sistema ABC es muy efectivo.

Si sólo auspicias en profundidad no llegarás muy lejos. Has olvidado patrocinar frontales tuyos. Estás trabajando una línea en profundidad buscando alcanzar la séptima generación hacia abajo, lo más pronto posible, pero sigues teniendo sólo una pata.

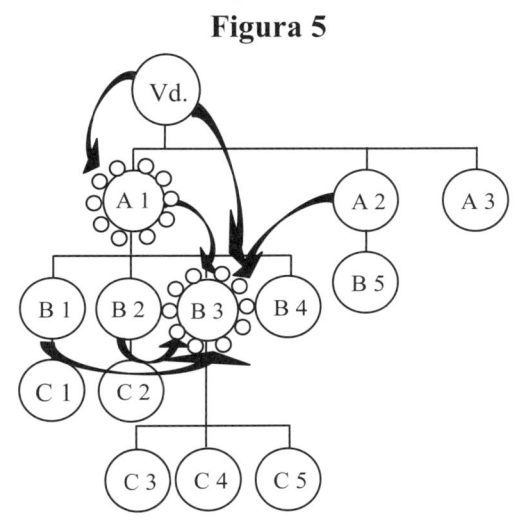

Figura 5

Para poder hacer dinero, necesitas tener varias patas. Para lograr esto, es mejor que hagas lo que deseas que otros hagan: una vez que has patrocinado a A1, organiza otra reunión, esa misma semana, a la que A1 invite a su gente para patrocinar a sus B.[1]) Tú también estarás en esta reunión. Así que vas acompañado de un prospecto tuyo, A2. ¡Seguro que firmará pues necesita le lleves de regreso a casa! Luego organizas una reunión con, digamos, B3 para que él pueda conseguir, con tu ayuda, a sus C. A1 y A2 irán también a esta reunión, junto con sus nuevos prospectos y tú irás otra vez acompañado en tu coche por tu nuevo prospecto, A3. ¡También estará listo para firmar ya que hablaste con él durante todo el camino de ida y de vuelta! De esta manera, tus actividades de seguimiento servirán para ampliar tu anchura.

Si lo haces de este modo, no correrás el riesgo de tener sólo dos o tres patas con volumen y no descuidarás tu anchura. La pregunta ¿Debo trabajar la profundidad o la anchura? es una falsa pregunta. Si procedes correctamente, sólo habrá un método uniforme de trabajo. En el negocio Amway es necesario hacer el mismo trabajo de manera inteligente una y otra vez. Esto tienes que recordarlo como si estuviera grabado en tu mente, a fuego.

---
[1]) Ver figura 5

9.
LOS PRIMEROS TREINTA DÍAS (ESTE)

Eva Müller-Meerkatz

Algunos lo logran, otros no. ¿Y?
Anónimo

Hemos explicado el sistema-ABC en teoría y "suena" bien. Queremos ahora demostrar, mediante un ejemplo, como funciona en la práctica. Para ello hemos elegido nuestros primeros treinta días en la ex-Alemania del Este, en enero de 1991. Para entonces ya llevábamos quince años en el negocio Amway, ya teníamos una gran organización. Catorce meses antes de esa fecha, el 9 de noviembre de 1989, el Muro había caído.

En enero de 1991, había muchos distribuidores Amway en Alemania Federal. Amway llevaba ya dieciséis años en este país. Por nuestros seminarios, a los que asistían distribuidores de Alemania del Este, sabíamos que Amway tenía actividades también en la otra Alemania.

Estos distribuidores nos decían que no teníamos idea de lo pobres que eran del otro lado del Muro, no teníamos idea de lo difícil que era vender LOC porque la gente ganaba muy poquito. Yo mismo no entendía cómo era posible que los distribuidores no pudieran pagar el kit de inicio. Yo no me enfrentaba con esos problemas de manera cotidiana. Oíamos muchas cosas de boca de nuestros queridos distribuidores.

Después de haber oído cientos de veces que yo no entendía nada, llegó el día en que verdaderamente yo no entendía nada. Lamentaba tanto la situación de estos distribuidores, sabía lo difícil que era todo para ellos, sabía que les estaba pidiendo lo imposible y me di cuenta de por qué el negocio Amway no estaba creciendo en Alemania del Este.

Por ello, en diciembre de 1990 decidimos dar un

gran paso. Yo quería entender a estos distribuidores, saber de primera mano si realmente existían todas esas dificultades. Sin embargo, no teníamos la intención de construir una nueva organización, ya era suficiente con la que teníamos.

En enero habíamos organizado una gran reunión en el Salón Dínamo en Berlín Oriental con 7000 distribuidores. Nuestras líneas calificaban mes tras mes. De hecho, no había razón para auspiciar frontales.

Pensamos lo siguiente: si patrocinamos a dos o tres, si los ayudamos a formar su negocio, podremos darnos cuenta de si los problemas realmente existen o si son meros cuentos.

He anotado lo que hicimos en diciembre de 1990[1]. En diciembre de 1990 patrocinamos a nuestro hijo David. Además patrocinamos también a un Señor Kettmann y a un Señor Uschmann.

El dibujo hace evidente que David comenzó de inmediato a desarrollar una especie de sistema-ABC. No pasó de eso.

Tratamos de vender boletos para la actividad del 6 de enero a los nuevos distribuidores. Resultó muy difícil. Para ser exactos, tres personas de la organización de David compraron boletos, nadie más. Nosotros le dimos al señor Kettmann un boleto y otro al señor Uschmann.

El señor Uschmann no se presentó a la actividad. La gente no aprecia lo que no le cuesta nada. Sin embargo, el señor Kettmann sí fue, lo cual fue un buen comienzo. También asistieron las tres personas que habían

---
[1] Ver gráfico 1

pagado su boleto. Todos estaban muy contentos en ese gran salón.

Alguien más asistió a esta reunión. Catorce años antes, en 1976, habíamos patrocinado a una persona. Año tras año, renovaba su contrato como distribuidor. Yo le mandaba tarjetas postales de todos los lugares que visitábamos. Soy bueno escribiendo a la gente. Estas tarjetas postales tenían el propósito de recordarle que tenía un negocio que atender. Algunos tardan un poco más en entenderlo, en este caso: 14 años.

Una joven y agradable pareja llegó al Salón Dínamo. Mostraron una tarjeta postal, no un boleto de entrada. En la tarjeta estaba escrito: »¡Los esperamos en el Salón Dínamo, el 8 de enero de 1991, en Berlín!«

¡No lo puedo creer! ¡Mis amigos de Hamburgo están trabajando otra vez, catorce años después!

A pesar de la postal, los patrocinadores de Hamburgo no estaban ahí, pero sí estaba esta joven pareja, la cual comenzó a trabajar poco tiempo después. Así que ese 8 de enero de 1991, ahí estábamos con cuatro líneas ¡que pronto darían buenas noticias!

Regresé a casa el 8 de enero. Mi esposo se quedó en Berlín por una razón: en el Salón Dínamo anunciamos una promoción: cualquier distribuidor que logre auspiciar seis nuevos distribuidores que, al final enero, califiquen al 3%, serán invitados a una convención de formación de tres días, sin costo para ellos.

La promoción era sencilla. Creímos posible que

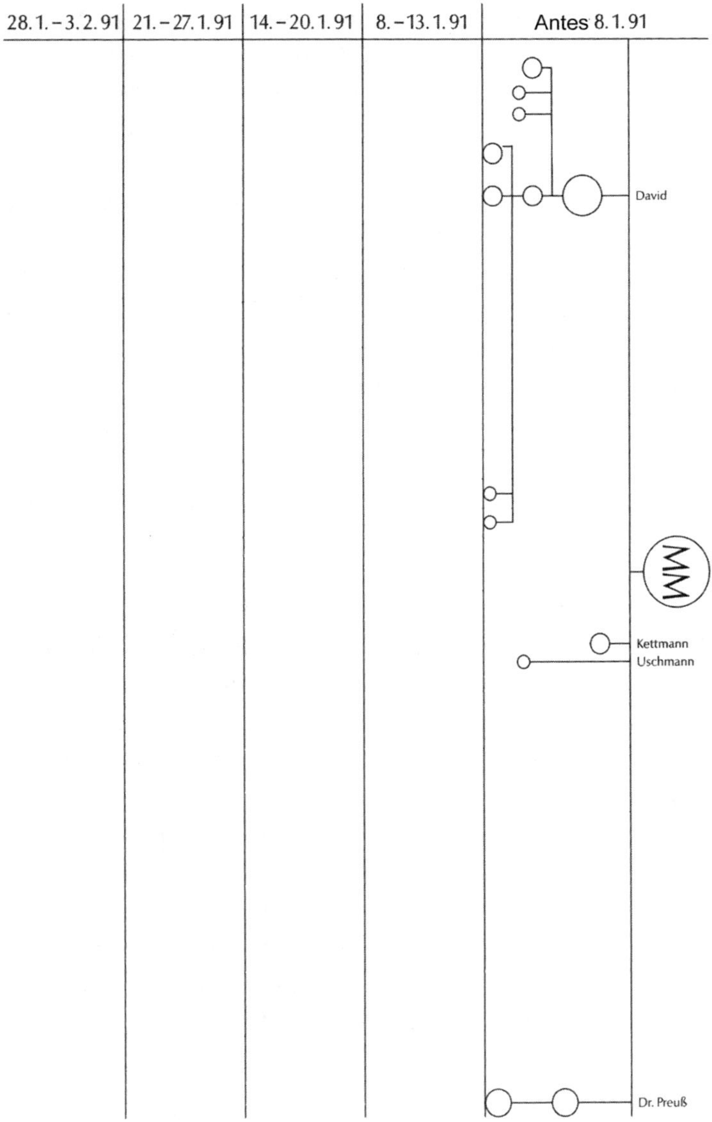

28.1.–3.2.91	21.–27.1.91	14.–20.1.91	8.–13.1.91	Antes 8.1.91

David

Kettmann
Uschmann

Dr. Preuß

Gráfico 1 177

30 personas encontrarían a seis nuevos. Estaríamos satisfechos con 30 ganadores, dadas las difíciles condiciones en que vivían. Durante meses, no una sino cientos de personas, nos habían dicho que era imposible patrocinar gente que calificara al 3%. Por eso mi esposo se quedó en Berlín: buscaría un pequeño hotel en donde pudiera recibir a la gente que participara.

El día que regresé a casa me fui directo a la oficina; ahí me esperaba un control fiscal. Prefiero no comentar qué opino sobre los impuestos. Creí necesario que uno de nosotros estuviera y que intercambiara algunas palabras con los inspectores. Sabía que se quedarían por lo menos seis semanas y que mi esposo no tenía los nervios para estas situaciones; traté de estar muy tranquila esos días.

El ocho de enero, le llamé a mi esposo, a media noche, para decirle que al siguiente día salía yo para Berlín y que nos quedaríamos allí unas semanas. Después de estas palabras, hubo silencio total. Hasta creí que mi esposo había colgado el teléfono. Estaba completamente pasmado. No quería creerlo.

Lo único que yo pensaba era: si esperamos que nuestros socios patrocinen a seis nuevos prospectos, deberíamos, por lo menos, ponernos al frente con el buen ejemplo, probar que es posible y alcanzable. La decisión estaba tomada. Patrocinaríamos personalmente a seis nuevos distribuidores hacia finales de enero. Así fue como todo empezó.

La figura 2 muestra los resultados de la primera

semana. ¿Qué pasó durante esta semana? Patrocinamos a un Dr. Kruse, ingeniero químico. Un día, a las ocho de la noche, estando en el hotel sin reuniones para hacer, le dije a mi hijo Peter: -Ve y consigue a alguien a quien patrocinemos.

-Pero ¿a quién?

-No importa quién. Quiero a alguien en el curso de las siguientes dos horas.

A las diez de la noche, Peter subió con el portero del hotel. Este hombre nunca había visto el interior de una suite de hotel. Vivía en Marzan, en una unidad habitacional. Su casa era más pequeña que la sala de nuestra suite del Hotel Grand Plaza. Pagábamos más por una noche en el Grand Plaza que lo que él ganaba en un año. Le dijimos que podía llegar a ser rico.

El señor Fisher firmó. Con el Dr. Kruse fue menos fácil. Antes de firmar nada, quería conocer la composición química de todos los productos; después de todo era ingeniero químico.

Después de esto, patrocinamos al señor Bröker, que se mostró renuente a firmar la solicitud. Sabíamos que las cosas eran difíciles en Alemania del Este.

Concertamos una segunda reunión para el siguiente día, por la tarde. Le dije a Bröker que trajera a algunos conocidos y así lo hizo. Patrocinamos a dos parejas. Recibimos el dinero por el kit de iniciación y los productos. Invitamos a todas las parejas a una reunión de formación. ¡Yo estaba tan contenta!

Tres días después nos vimos para la reunión de formación. Yo salí a recibirlos: -Me da gusto que hayan venido, familia Bröker, y que hayan traído a sus conocidos.

Molesto, Bröker me dijo: -Ésta es la mayor estafa jamás creada. Quiero mi dinero de vuelta. Esta pareja también. Quiero que me acompañe a mi coche, que nos dé el dinero y que se lleve sus productos. Son demasiado caros.

Me sentí terrible. Mi esposo caminaba de un lado a otro en el salón donde daríamos la formación, tuve que ir con Bröker y llevar los productos de su maletero al mío.

Les devolvimos su dinero. Me duele tanto devolver el dinero por el que he trabajado y llevábamos tan poca gente patrocinada… Ahora entendía a qué se refería la gente cuando decía que las cosas eran difíciles en el Este.

Además estaba también el Señor Wolter, era fiscal. Cuando aparecimos por allí, para la cita nos comunicó el Señor Wolter que se lo había pensado dos veces. En su posición como fiscal no podía cerrar un negocio tan sospechoso, bajo ninguna circunstancia. Entonces estábamos dispuestos a creer que el negocio no funcionaba.

A pesar de todo esto, habíamos logrado patrocinar al Dr. Kruse, el ingeniero químico que insistía en saber todo, el portero Fisher y se estaban moviendo las cosas en la línea de David. En total teníamos a doce nuevos. Fueron estos doce nuevos distribuidores lo que nos motivó a seguir adelante.

Lo malo era que el crecimiento estaba concen-

| 28.1.–3.2.91 | 21.–27.1.91 | 14.–20.1.91 | 8.–13.1.91 | Antes 8.1.91 |

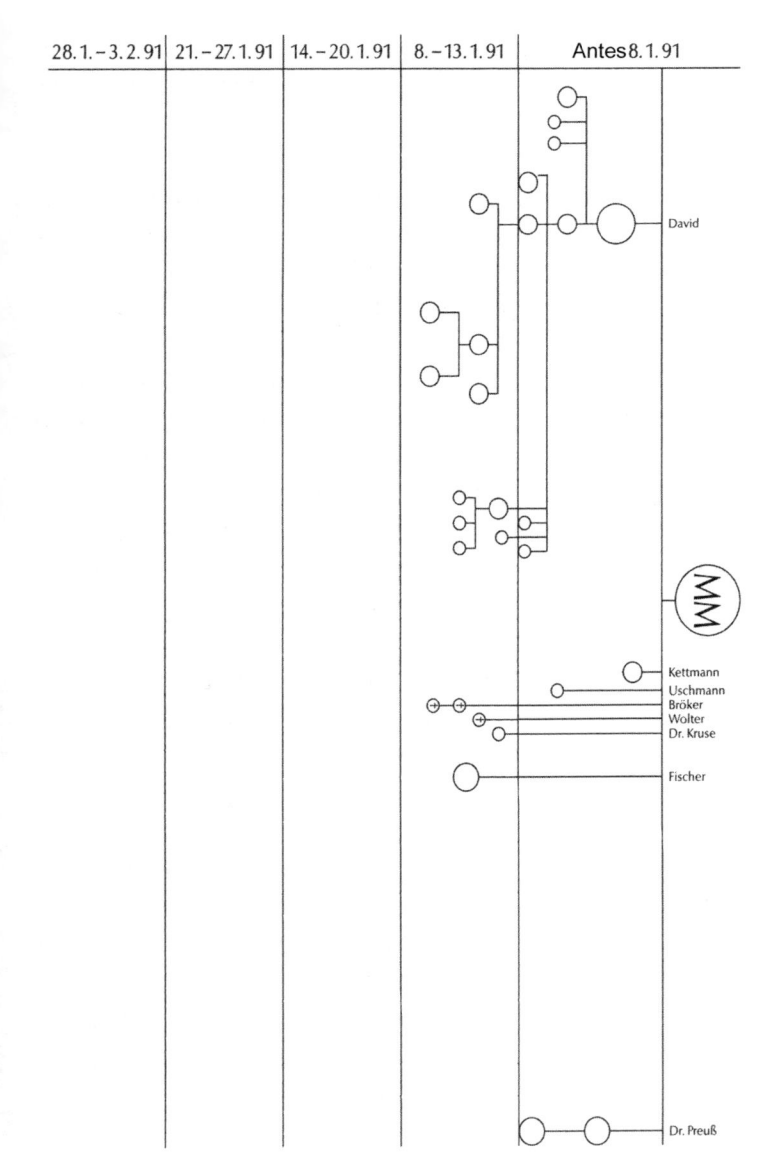

- David
- Kettmann
- Uschmann
- Bröker
- Wolter
- Dr. Kruse
- Fischer
- Dr. Preuß

Gráfico 2

trado en una sola línea, y el sistema ABC no funciona de esa manera. En el sistema ABC necesitas auspiciar en cada línea.

Así transcurrió nuestra primera semana. La figura 3 muestra los resultados de nuestra segunda semana, la tercera en el calendario, del 14 al 20 de enero. Queríamos lograr seis patrocinados así que seguimos adelante.

Por la tarde, como a las siete y media, íbamos a ver a un distribuidor. Ya estaba oscureciendo y me resultaba difícil leer los nombres de las calles. En la ex-Alemania del Este siempre teníamos dificultades: los nombres de las calles y los números de las casas seguían una extraña lógica; para nosotros, incomprensible. Se acercó entonces una pareja que empujaba una carretilla. Estábamos a quince grados bajo cero.

Les pregunté por la calle. Comenzamos a hablar y les pregunté por qué, en ese clima, no se movían en coche. Nos dijeron que no tenían un coche.

-¿No les gustaría tener uno?
-¡Sí!
-Perfecto, ¿nos vemos mañana por la mañana para hablar?

Nos vimos a la siguiente mañana. Así fue como esta pareja entró en el negocio.

Más adelante, teníamos una reunión con la familia Komske para ayudarlos a patrocinar. Justo cuando estábamos a punto de meternos en el coche -vivían a 300 kilómetros de ahí-, el cartero nos entregó un telegrama en el que nos avisaban que ya no era necesario que fuéramos.

Gradualmente me fui dando cuenta de que nuestros distribuidores tenían razón. Las cosas no funcionaban de la manera en que yo había imaginado. Curiosamente, en la línea de David sí había patrocinados. Al final de esta semana teníamos 22 nuevos distribuidores, uno de los cuales se había retirado inmediatamente, alguien de la línea de David. Firmó, pero entregó todo al siguiente día. Aun así, teníamos dos nuevos frontales que seguían adelante. No estaba mal.

Sin embargo, ya era enero 20 y todavía no teníamos los seis patrocinados que nos habíamos propuesto para fines de enero. ¿Cómo podía ser que los Müller-Meerkatz, que eran tan buenos, no pudieran auspiciar a seis? ¿Cómo esperábamos que nuestros distribuidores patrocinaran a seis si no lo lográbamos hacer nosotros? Seguimos adelante.

Llegó la semana del 21 al 27 de enero. Si observas la figura 4, verás como comenzaron a encajar las piezas del rompecabezas en su lugar. Patrocinamos a la familia Enoch, la familia Pommerening, la familia Hase y a la familia Schwiesselmann. No estaba mal. Aunque Hase devolvió su kit al siguiente día en que lo recibió, teníamos cuatro nuevos frontales. ¡Nos sentíamos como pavos reales! En total, entraron en nuestra organización 38 nuevos socios, de los cuales sólo uno se había rajado: la familia Hase.

La cuarta semana transcurrió del 23 de enero al 3 de febrero[1]. En ella, 57 nuevos distribuidores se unieron a la organización y ninguno regresó su kit. Lo que nos hizo más felices fue que nuestra antigua línea de Hamburgo estaba activa otra vez con tres nuevos downlines.

Haciendo un balance general, la organización había crecido en 129 nuevos distribuidores en las últimas cuatro semanas. Once de ellos eran frontales nuestros, de los cuales ocho seguían activos, tres se habían rajado. En la primera semana, tres distribuidores habían desistido; en la segunda, uno; en la tercera, uno, y en la cuarta, ninguno. Lo que una vez más comprueba que es posible poner a funcionar las cosas de manera muy diferente, siempre y cuando uno esté todo el tiempo, sin interrupción, »en la jugada«.

Los resultados de estas cuatro semanas de trabajo son: hacia el final de la cuarta semana, nuestro hijo David había llegado al 21%; en febrero, la familia Fischer también había logrado el 21%; en marzo, sólo algunas semanas después, las familias Kreuseler, Enoch, Müller y el Dr. Preuss llegaron al 21%. Todos ellos participaron en el seminario de liderazgo de Amway en Madeira. Cada uno de ellos había calificado cada mes. Podemos concluir, entonces, que no se trataba de una llamarada repentina, sino de un gran incendio que había comenzado tiempo atrás y cuya intensidad fue aumentando gradualmente. El entusiasmo era una realidad.

En junio de 1991, un frontal nuestro, el señor

[1] Ver gráfico 5

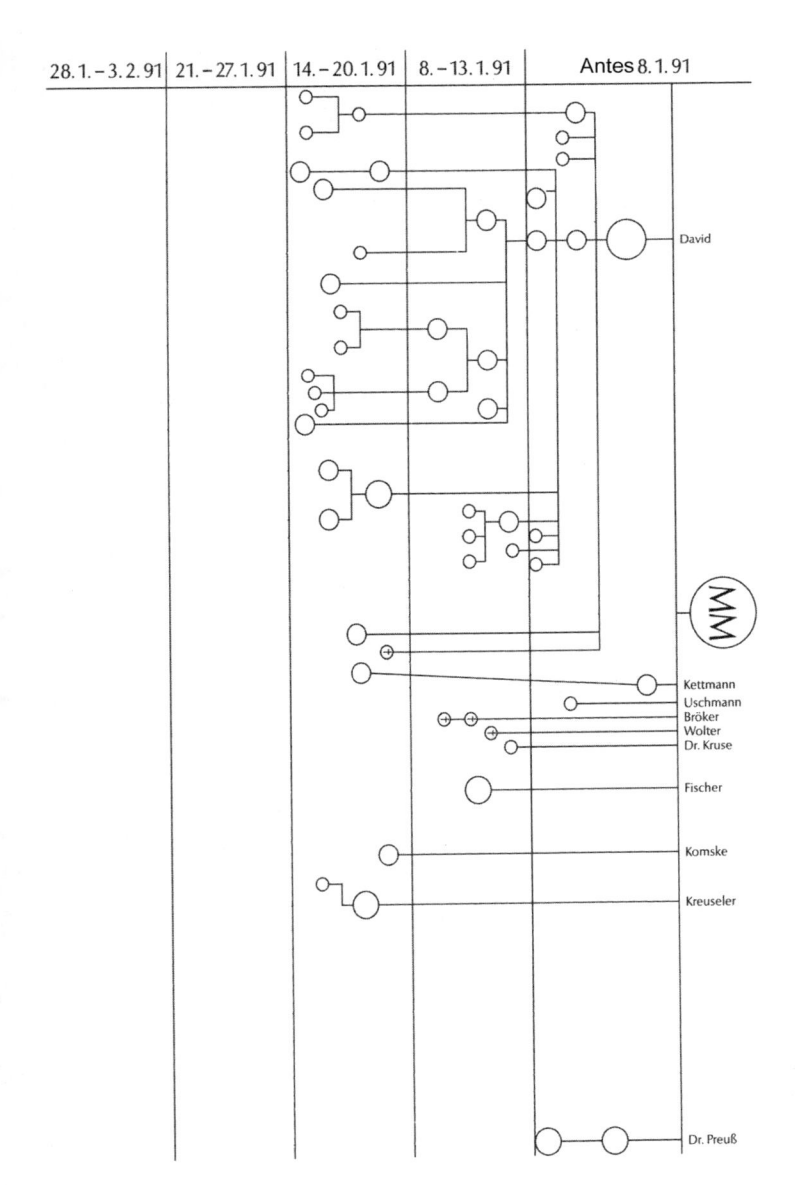

Gráfico 3

Kettmann, calificó como Productor Plata. En junio, tres nuevas patas de la familia Enoch calificaron 21%. En abril, de la línea de David, calificó un nuevo Productor Plata; en junio, dos más. En enero, teníamos 129 solicitudes nuevas; en febrero, 504; en marzo, 1362 nuevas solicitudes. Todo en la Alemania del Este.

Siempre nos preguntan: ¿Cómo logran un crecimiento tan rápido? Nos piden detalles técnicos. La respuesta técnica es: el sistema ABC que ya explicamos[1]). Sin embargo, la clave del éxito no descansa sólo, y nunca lo hará, en la técnica. La única técnica que conozco y entiendo es "Pensar en líneas": yo necesito auspiciar un nuevo frontal y sé que un nuevo patrocinado es una nueva oportunidad. Necesito construir una línea a partir de esta nueva oportunidad.

Siempre he creído en las habilidades de nuestros socios. Siempre he podido imaginar a alguien calificando 21%. No puedo imaginar a nadie que firme que no quiera alcanzar el 21%. Así que me era fácil decir: -Familia Kreuseler, ¡el siguiente mes la meta es calificar al 21%!

    Les digo eso una y otra vez. Por supuesto, no me creen en un principio, pero no me importa. Lo importante es que yo se los diga una y otra vez, aunque los canse de estarlo oyendo. Cada vez que me cuentan todos sus problemas, yo les digo una vez más: -No se preocupen, aun así llegarán al 21%.

Durante la primera semana, después de que salieron

---

[1]) Comp. cap. "Nuestro Sistema ABC".

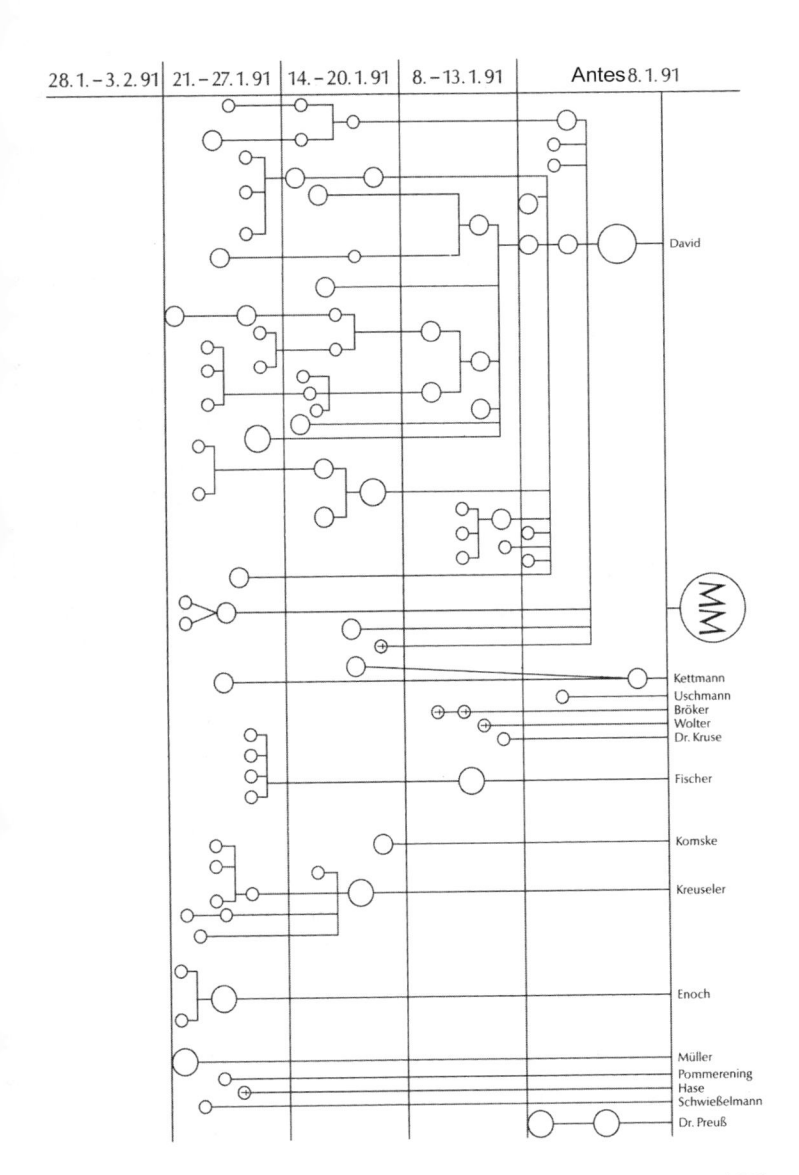

Gráfico 4

Bröker y Wolter, manejé con mi esposo de Magdeburg a Berlín. En el camino hablamos sobre nuestros problemas.

Últimamente nuestras reuniones de patrocinio seguían cierto patrón: entrábamos en una sala, con frecuencia el piso superior de una construcción moderna. Algunas veces, la gente ya estaba ahí; otras, estaban sólo nuestros distribuidores. Sin importar la situación, sosteníamos la misma conversación. Durante dos horas tenía que escuchar lo difícil que es vivir en este planeta. Dos horas de estar escuchando que había subido la renta, el agua, los gastos de calefacción, todo. Después, escuchar cuan grandes eran las dificultades: si tendrían un trabajo el día de mañana, opiniones sobre la recesión y la inflación. Normalmente, yo tenía oportunidad de decir algo tan sólo dos horas después. Pero después de dos horas sentía tanta pena por ellos que habría preferido sacar de mi bolso 100 marcos[1] y dárselos a cada uno. En esos momentos, el mundo me parecía difícil, estaba cansada, drenada. La cabeza me daba vueltas.

Durante el recorrido que hicimos en coche, mi esposo me preguntó: -¿Por qué no haces lo mismo que solías hacer? Antes, cuando entrabas en esas salas, sabías exactamente lo que querías. Querías ofrecerles una oportunidad. Así se lo decías a la gente y no buscabas otra cosa en esas reuniones. En 1976, ofreciste oportunidades; en 1977, ofreciste oportunidades; en 1980, ofreciste oportunidades. ¿Qué estás haciendo en 1991? ¡Les tienes lástima!

Durante ese recorrido, tomé una decisión: No

---

[1] Cerca 50 € o 70 $

me permitiré oír más quejas. Yo ofrezco una solución a sus problemas. O aceptan la oferta o simplemente no puedo ayudarlos porque, de todas maneras, la renta va a seguir subiendo, la recesión seguirá existiendo y la inflación nadie la para, ¿y?

Después de esto, volví a entrar en las salas, con gente o sin ella, y seguramente estaban buscando contarme lo malo que estaba el mundo, pero yo dije: -Yo sé que el mundo es terrible. Sé todo acerca de la recesión, inflación, desempleo, lo que quieran. Estoy aquí para ofrecer una solución a sus problemas.

Esta introducción duraba no más de dos minutos y procedía a ofrecer mi solución. A partir de entonces, me sentí bien. A partir de entonces los otros también se sintieron bien.

Cuando ocho personas se sientan en una habitación y una empieza a hablar sobre lo horrible que es el mundo, entonces los otros se sintonizan con eso: ¡El mundo es terrible!

Pero el mundo no es terrible, ni siquiera al este del río Elba. Todo depende de tu enfoque mental. ¿Escuchas las quejas o tienes una meta? Mi meta es: ¡Quiero construir! Yo ofrezco a la gente una oportunidad, una solución.

No se trata de la técnica. La clave para el éxito se encuentra en otro lado. Si no hubiéramos creído en nuestros socios, podríamos haber trabajado día y noche y no hubiéramos alcanzado el éxito. Conozco gente que trabaja muy duro. No hay duda de que hay gente que trabaja mucho más que mi esposo y yo. Con seguridad

Gráfico 5

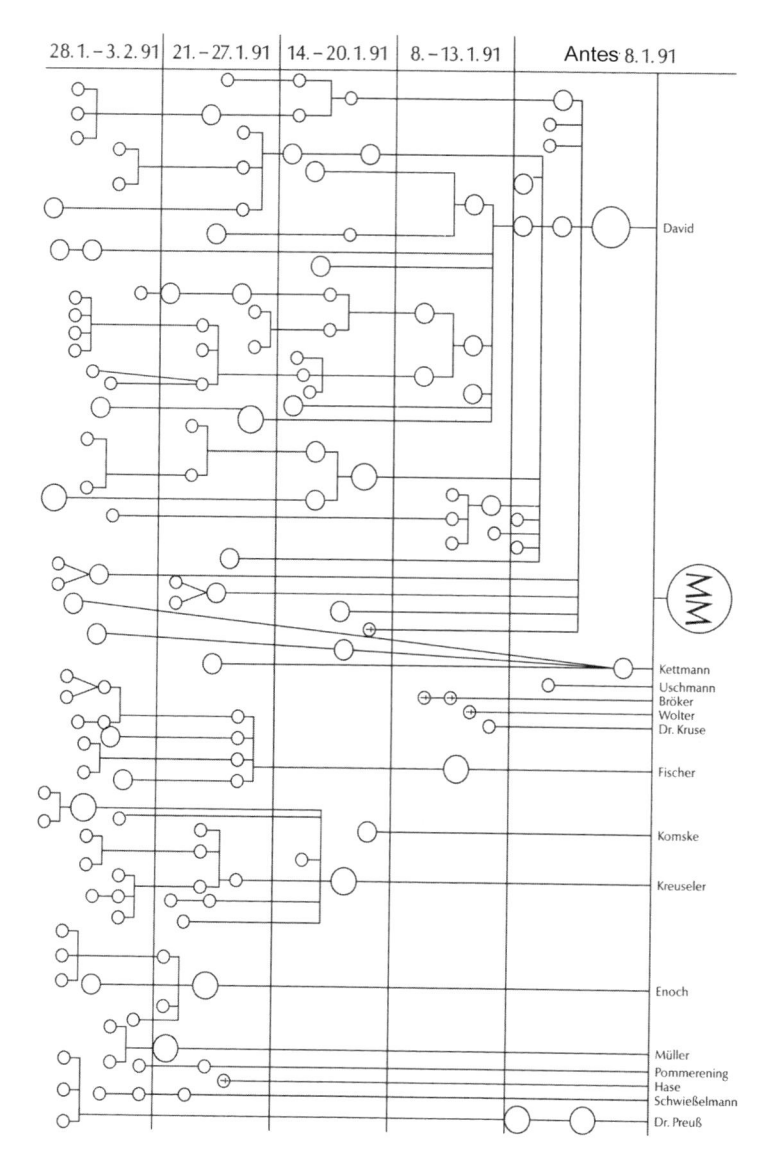

organizan más presentaciones del plan de las que nosotros hacemos. Sin embargo, no tienen éxito porque no creen en que sus socios y amigos alcanzarán el éxito. El éxito de mis socios empieza en mi propia cabeza.

La técnica no es crucial. Jamás esperamos que nuestros socios hicieran algo que nosotros mismos no haríamos. Nosotros patrocinábamos nuevos frontales, incluso cuando no teníamos tiempo.

En diciembre de 1990 tomamos una decisión porque queríamos entender a nuestra gente. No comenzamos porque quisiéramos diez nuevos distribuidores ni porque quisiéramos más dinero.

En 1991, cuando fuimos al Este, Backhaus calificó como Embajador Corona; Klaus y Erika Voss, como Diamante; Martin y Dengg, como Diamante Ejecutivo; la familia Klemke, como Diamante; la familia Bechstein, como Doble Diamante y muchos, muchos otros como Esmeralda.

Esto no sucedió porque les hiciéramos el trabajo sino porque éramos un ejemplo para ellos y porque estábamos presentes.

Actualmente, no seríamos exitosos en Chequia ni en Polonia de no haber sido por esos treinta días en Alemania del Este.

En el negocio Amway siempre recibes más de lo que esperas; siempre te retribuirá mucho, mucho más, pero primero debes hacer el trabajo. Debes hacer el trabajo sin pensar en el dinero. Debes hacer el trabajo por amor, con entusiasmo y creyendo en la humanidad.

10.
¡NUNCA SE DÉ POR VENCIDO!

Eva Müller-Meerkatz

Tarde o temprano, los que ganan son los que piensan que pueden.

Richard Bach

En octubre de 1993, asistimos a un congreso Amway en Varsovia, Polonia. Una distribuidora polaca se me acercó hablando inglés: -¿Cómo puede ser que ustedes, que han tenido tanto éxito durante tanto tiempo, todavía nos entienden a los pequeños distribuidores con nuestros problemitas?

Me quedé pensando y la respuesta es bastante sencilla: tenemos una familia relativamente grande, siete niños de diferentes edades, dos nietos y mis padres. Es natural que siempre haya problemas que necesitan solución. De hecho, vemos a todos nuestros distribuidores como si fueran parte de la familia. Lo que doy a mis distribuidores es lo que recojo del aprendizaje con nuestros hijos, a partir de la convivencia con ellos. Empezando por la paciencia requerida hasta los errores que uno comente. Así, como vemos a los distribuidores como parte de la familia, no es difícil entenderlos.

Tengo una historia que contarles; es sobre mi hijo más pequeño, Stefan. Los padres suelen decir que quieren a todos sus hijos por igual, pero yo no lo creo. Quizá uno quiere hacer eso, pero hay ocasiones en que un hijo lo necesita a uno más; hay ocasiones en que un hijo necesita que le des todo tu cariño. Creo, sin embargo, que uno debe intentar dar el mismo trato a todos los hijos.

Debo confesar que a toda la familia nos pasa esto cuando se trata de Stefan. Todos, incluido sus hermanos y hermanas, su abuelo y abuela, amamos a Stefan, nuestro pequeño. Lo sabemos bien: no habrá más bebés después de él. Sabemos que debemos disfrutarlo.

Cuando Daniel, que ahora tiene doce, tenía la edad que ahora tiene Stefan, incluso desde que tenía tres años, le decíamos: -Dani, tú eres el mayor, eres el más inteligente, debes entender. Cuando Stefan tenía tres años de edad, solíamos decir: -Es nuestro pequeño Stefan. Cuando tenía nueve años, decíamos lo mismo.

Sin duda, Stefan es el hijo más inteligente. Cuando tenía tres años, tenía un vocabulario tan sorprendente que nos dejaba a todos boquiabiertos. Decía frases que ni un niño de doce años podía formular. Usaba palabras de muchas sílabas que me dejaban sin habla, pero Stefan es también nuestro niño con un problema.

Yo suelo no ver los problemas. Cuando sé lo que quiero, puedo hacer cualquier cosa. Me pongo mis orejeras y no veo ni a la izquierda ni a la derecha, sólo de frente. No veo si hay problemas porque me niego a verlos.

En el negocio, esto puede ser bueno. Puedo cerrar los ojos si tengo que hacerlo. Creo mi propia realidad. En mi realidad los problemas no existen; situaciones engañosas, quizá, pero nunca problemas. ¡No permito siquiera que entren en mi cabeza!

Stefan comenzó a ir al jardín de niños. Un día la maestra nos llamó para hablar. Nos dijo que lleváramos a Stefan con un psicólogo. Mi primera reacción fue: ¿Están locos? ¿Que nuestro hijo vea a un psicólogo? ¡Deben haber perdido la cabeza!

De algo estábamos conscientes: cuando Daniel,

que es sólo tres años mayor, tenía la edad de Stefan, podía comer perfectamente con cubiertos. Daniel era capaz de armar figuras con los bloques Lego. Era fantástico.

Stefan, en cambio, nunca mostró interés por los Lego. Stefan nunca armó nada. Los niños son diferentes. A los tres años de edad, Stefan comía con las manos, ya fuera con la izquierda o con la derecha, pero nunca coordinando ambas manos. Tomaba los espaguetis con una mano, se los metía a la boca y los sorbía hábilmente. Después de todo, ¡todos los niños son diferentes!

Finalmente, nos dijeron que Stefan no iría nunca a la escuela, por lo menos no a una escuela normal, si no empezábamos a actuar. Era necesario que lo aceptáramos, por mucho que yo quisiera mirar a otro lado y no darme cuenta.

Llevamos a Stefan con un terapeuta y le diagnosticaron un desorden en el sistema motor fino. Era capaz de mover las dos manos, sólo sincrónicamente. Era incapaz de tomar una pluma y conducirla por el papel. Si no podía hacer eso, entonces sería incapaz de escribir cuando llegara el momento. Tomar una pluma entre los dedos es lo más simple del mundo. Nadie es tan tonto como para ni siquiera lograr eso. Es tan simple. Toma uno una pluma entre los dedos, la apoya en el dedo pulgar y escribe, pero Stefan no podía hacerlo.

Así que empezamos a practicar con Stefan. Nos dijeron que si empezábamos ya y practicábamos regularmente, entonces aprendería.

Entonces estábamos convencidos de que Stefan no podría manejar herramientas ni reparar cosas. No podría hacerlo. Stefan es inteligente pero si no aprendía pronto a sostener una pluma, ¿cómo podría ingresar en la escuela? Era necesario que aprendiera. Nos dimos prisa para que empezara la terapia.

Iba dos veces por semana. Su padre estaba presente durante la sesión para ver lo que el terapeuta hacía. En nuestra oficina, junto al escritorio de su padre, pusimos una pequeña mesa y nuestro pequeño Stefan venía a la oficina, todos los días, pues sabíamos que dos horas de terapia era insuficiente. Necesitaba practicar, practicar, practicar.

Hace poco hablé sobre esto con las mujeres de la oficina. Todas recordaban los días en que Stefan iba a su pequeña mesita. Recuerdan que durante semanas y meses sonreían con escepticismo diciendo: Con todo y su extenso vocabulario, a pesar de su inteligencia, nunca podrá entrar en una escuela normal. No dejará de ser un estudiante con capacidades diferentes. Todas estaban seguras de que no lograría aprender.

Es casi imposible imaginar que una persona normal necesite tres meses para sostener un lápiz entre sus dedos. ¡Tres meses completos! Que esta persona llegue a la desesperación en el intento por trazar una línea recta. ¡Que le lleve seis meses trazar la letra »S« como una serpiente!

A Stefan le tomó seis meses para lograr el movimiento que lo llevara a trazar una »S« en el papel. Era posible verlo y sentirlo: el dolor causado por la tensión muscular. Tratar de trazar una curva le causaba dolor físico, y muchas, muchas lágrimas.

A pesar de todo esto, Stefan logró entrar a primer grado con un año de retraso, pero lo logró. Stefan aprendió a escribir. Estábamos tan orgullosos de él. Logró pasar a segundo y logró salir con muy buenas notas, excepto en alemán, donde sacó C. Stefan es un genio en matemáticas. Es cien veces mejor que el resto de su clase. Le es difícil escribir los números porque un ocho es difícil de trazar; un nueve tampoco es fácil, ni lo es un siete. Sin embargo, en su cabeza tiene su propia computadora y trabaja con una rapidez y una precisión asombrosas.

En otoño de 1993, asistimos a un seminario en Grecia, primero con nuestros distribuidores suizos y polacos, después con los distribuidores alemanes. Cuando se hizo el viaje, las clases ya habían empezado en Baviera. Stefan había pasado a tercer curso. Estuvimos fuera durante tres semanas.

Cuando regresamos a casa, revisé los cuadernos y libros de Stefan. Encontré un cuaderno de matemáticas. Había comentarios así: »¡Muy bien, Stefan!«; en un cuaderno de alemán estaba escrito: »¡Muy bien, Stefan. Bien hecho!« Fantástico, pensé yo. Nuestro Stefan es el mejor, después de todo. Finalmente, la hizo.

Desafortunadamente, me topé con su libreta de dictados. En ella encontré ejercicios de matemáticas de una página de largo. Estaban resueltos sólo tres de ellos, el resto estaba en blanco. Encontré los ejercicios de alemán. El primero constaba de cuatro líneas y tenía 16 errores; el segundo, también de cuatro líneas, tenía 15 errores; el tercero, de la misma extensión, tenía 22 errores.

Me parecía increíble cometer cinco errores en una sola palabra, pero era obvio que en Stefan era natural. Le pregunté a mi madre: -¿Qué pasa con Stefan?

-Deja a ese niño en paz. Stefan es un niño que se porta también. Comienza a hacer su tarea en cuanto llega de la escuela a la una, y la hace sin quejas ni lamentos hasta las cinco de la tarde.

-Y ¿qué es lo que hace de tarea?

-Aquí está, media página de alemán y media página de matemáticas.

-Madre, ¿necesita cuatro horas para eso?

-Pero, mira qué bien la hace.

Decidimos ir a ver a su maestro. En la entrevista, le preguntamos: -¿Qué impresión tiene de Stefan?

Deben saber ustedes que nuestra Micaela había sido alumna de este profesor. Micaela es un sol; es ambiciosa, domina todo; lo ve a uno con esos enormes ojos y no es posible negarle nada, más difícil es para los hombres. No he hallado cómo ponerle un alto a esto último. Micaela ve con ojos suplicantes a su abuelo, a su padre, probablemente a sus maestros, y consigue lo que quiere. Siempre lo logra.

Inmediatamente después de que Micaela entró a

la secundaria, Stefan, nuestro soñador, comenzó el curso con este profesor.

Stefan es diferente, realmente vive en su propio mundo. Me encantaría, aunque fuera por una sola vez, asomarme a su mente para ver qué pasa en ella. No abrirá la boca hasta haber analizado por completo un problema. Dejará salir entonces una andanada de palabras, sin importarle un ápice si está en medio de una clase. Una vez que ha terminado de revisar el problema, lanza sus conclusiones, aunque sea el momento menos oportuno. Si se le hace una pregunta, entonces Stefan la pensará concienzudamente antes de dar una respuesta. Puede suceder que esté girado mirando a otro lado cuando se le hace la pregunta y que guarde silencio, pero diez minutos después dará la respuesta con un elaborado discurso.

El maestro nos dijo: -Verán, su hijo Stefan no muestra interés por mi clase. Ni siquiera se toma la molestia de hacer el dictado; no copia lo que escribo la pizarra. Cuando doy la orden de que copien, él permanece ahí sentado y se queda mirando por la ventana.

Le recordamos las dificultades que tiene Stefan para hacer ciertas cosas y reconoció que el niño no puede tomar dictado a velocidad normal. Stefan requiere cinco veces el tiempo que le cuesta a un niño normal escribir algo. Dado que Stefan sabía que no podría hacerlo, ni siquiera se tomaba la molestia en empezar.

Después, le pregunté a Stefan: -Stefan, dime, si eres tan bueno en matemáticas, ¿cómo es que sólo resolviste tres ejercicios?

-Pues porque el maestro nos dijo que teníamos veinte minutos para resolver el ejercicio. Tomé mi reloj para estarlo viendo conforme hiciera el ejercicio, y saber cuándo terminaban los veinte minutos. Cuando me di cuenta, ¡ya habían terminado los veinte minutos y yo sólo había hecho tres ejercicios! No me dio tiempo.

¿Qué podía yo contestar a eso? Me quedé sin habla.

La conversación con el profesor había sido importante. Le dije a mí esposo: -Dime una cosa, ¿no es patético que le suceda esto a un profesor? Tiene a un estudiante de una inteligencia notable y no se da cuenta. Ayuda a este estudiante, simplemente dice: No le interesa. No dedicaré tiempo de mi materia a este estudiante.

-¿No sucede esto en el negocio Amway, todo el tiempo- contestó mi esposo. -Sólo porque sabemos muy poco de algunas personas y porque nadie se toma la molestia de decirnos algo sobre ellas, no reconocemos que estamos frente a verdaderos genios.

Es frecuente que uno no reconozca a los verdaderos genios, quizá porque no se acercan a nosotros para pedir ayuda; de la misma manera en que Stefan no se acercó a su profesor para decirle: Ayúdeme.

Uno generaliza y dice: No quieren. Sería bueno pensar en esto. Quizá debamos poner atención a los distribuidores antes de decir: No quieren.

Mi esposo y yo tenemos una meta a largo plazo con Stefan. Sabemos que debe terminar el bachillerato porque no podrá ganarse la vida haciendo un trabajo manual. Gracias a que es tan inteligente, tiene muchas probabilidades de terminar la escuela, si alguien le ayuda a dar los pasos necesarios. Sin embargo, Stefan no terminará el bachillerato si no pasa con buenas notas el tercer curso.

Entonces, está bien que tengamos metas a largo plazo para Stefan, pero es igualmente importante lograr las metas a corto plazo. Si no logramos la meta a corto plazo de que termine bien el tercer grado, entonces jamás tendrá oportunidades en la vida.

Entonces nos preguntamos: ¿Qué podemos hacer? Nos dimos cuenta de que estábamos en el mismo punto que hacía cinco años, cuando fue necesario practicar, practicar, practicar.

Cuando pienso en todo lo que pedimos a los niños pequeños que logren, cuánto sudor y lágrimas les lleva ser dueños de su vida, entonces me pregunto: hay tantos adultos, inteligentes, con experiencia y habilidades… ¿por qué no les pedimos lo mismo que a un niño de nueve años de edad? Practicar, practicar, practicar y nunca darse por vencido.

La alegría de los primeros éxitos es muy importante y necesaria. Los resultados intermedios son fundamentales porque nos motivan a seguir y a alcanzar el éxito.

Naturalmente, habrá momentos en que pienses: con eso es suficiente. Stefan también lo dice, pero no es así. Debes seguir adelante hasta haber alcanzado tu meta.

Stefan puede ahora tomar dictado sin muchos errores, pero sólo si ha practicado equis número de veces antes. Así cualquiera que, semana tras semana, practique hacer reuniones, practique el plan, practique la demostración de productos, pase de un nivel a otro, llegará a ser Productor Plata, logrará viajar y asistir a seminarios.

Debes tener paciencia contigo mismo. Todos cometemos errores. ¿Cuántos errores hemos cometido nosotros? ¡Probablemente más que nadie!

Para aquéllos que sepan su meta, todo es mucho más fácil. Si la meta es: quiero llegar a ser libre e independiente, incluyendo independencia financiera, entonces ésta es una hermosa meta a largo plazo. Por ello es que las metas intermedias son muy importantes. ¿Qué tengo que haber logrado en enero? ¿A dónde debo llegar a final de año? Los pequeños resultados intermedios son fundamentales.

Debes darte la oportunidad de lograr pequeños éxitos. Éstos los debes conquistar, paso a paso. Lo lograras si estas dispuesto a trabajar. Somos arquitectos de nuestro propio destino. Cada uno de nosotros es responsable de sus propios éxitos. Si correlacionamos destino con éxito, la palabra »arquitecto« remite a »trabajo«. Y el trabajo hay que hacerlo, sin importar si estás de humor para hacerlo, o no.

11.
VIAJES HASTA EL BOSQUE TROPICAL HÚMEDO Y MÁS ALLÁ

Eva Müller-Meerkatz

El dinero nunca echa a andar una idea,
es la idea la que echa a andar el dinero.

W.J. Cameron

Recuerdo la primera invitación de Amway. Fue a un seminario para distribuidores directos principiantes, a dos horas de nuestra casa, en el lago Spitzingsee. Estábamos muy emocionados. Nos parecía fantástico como comienzo. Las cosas que nos habían dicho empezaban a convertirse en realidad. Cuando entré al hotel en el lago Spitzingsee y vi el costo por habitación, le dije a mi marido: -¡Guau! 180 dólares por habitación, desayuno no incluido. Con ese dinero puedo alimentar a la familia completa durante dos semanas. ¡Cuánto dinero por una habitación!

Recuerdo el siguiente viaje que Amway nos ofreció: un seminario de liderazgo en Mallorca. Debieron habernos visto, comenzaba septiembre del año 1977. Llevábamos en el negocio sólo dieciocho meses y ya estábamos yendo en nuestro primer seminario fuera de Alemania. Se lo contamos a todos: -¡Imagínense! Amway pagará el viaje. Vamos a Mallorca.

Para nosotros, Mallorca era maravillosa. Con nosotros iban siete de nuestros platinos, que también habían calificado. Ésa era nuestra mayor alegría: no íbamos solos.

Diez años después fuimos a Mallorca otra vez porque el yate de Amway, el Enterprise IV, estaba atracado allí. Por segunda vez, vimos Mallorca muy bonita. El secreto está en alquilar un coche y recorrer la isla por el interior. Es simplemente hermosa.

El primer seminario de liderazgo, en 1977, fue importante para nosotros. Comenzamos a creer que

Amway nos llevaría a conocer el mundo. En el curso de 35 años, Amway nos ha llevado a muchos sitios. Hemos participado en muchísimos viajes. A principios de 1992, hicimos un viaje alrededor del mundo.

Hace poco mi esposo sugirió que marcáramos en un globo terráqueo los sitios en los que hemos estado. Yo contesté: -¿No sería más fácil marcar los lugares a los que no hemos ido?

En el viaje alrededor del mundo vi muchas cosas. Estuvimos unos días en San Francisco y luego volamos a Hawai. Allí vi cosas que sólo conocía en foto. Vi lava, caliente que fluyendo. Pregunté: -¿No es peligrosa la lava?

-No, la lava nunca es peligrosa. Fluye tan lenta que siempre hay suficiente tiempo para evacuar el lugar.

Es verdad. La lava es como un cocido espeso y viscoso. Fluye lenta, pero continuamente. Nada la detiene. Me dije a mí misma: Si tan sólo nuestros distribuidores fueran un poco como la lava: siempre incandescentes y en circulación continua, entonces muchas cosas en el negocio Amway se desarrollarían de manera diferente.

De Hawai volamos a Australia y a Nueva Zelanda. En este último país vimos géiseres por primera vez, chorros de agua caliente que alcanzan alturas de 50 metros. También vimos lagos hirvientes. En la ribera de un lago de agua dulce vimos pescadores de trucha. A pocos metros de ellos había un lago hirviente en el que metían las truchas, enganchadas a un hilo. Unos minutos después tenían trucha cocida. ¡Increíble!

Estuvimos en un glaciar. Fue fascinante estar ahí, al lado de nuestro helicóptero, bajo un sol blanco. Desde donde estábamos, veíamos sólo hielo, a donde quiera que miráramos.

Es todavía más impactante descender 120 metros, a la parte baja del glaciar, muy lentamente en el helicóptero, y ver hacia arriba. El frente del glaciar era gris y de no haber estado ahí, habría creído que era una pared de piedra. En el curso de millones de años, este glaciar ha empujado masas de piedra frente a sí. Fueron los glaciares los que configuraron el relieve de este país.

Durante el viaje tuvimos más experiencias. Estuvimos en Australia algunas semanas. Es enorme, con sólo 17 millones de habitantes. En Australia, Amway ha funcionado durante 40 años, todo el mundo sabe qué es Amway. Con 17 millones, Amway Australia genera las mismas ganancias que Amway Alemania, con 80 millones. Hoy, 40 años después, tiene el mayor índice de patrocinio en todo el mundo. ¿No debería llevarnos este dato a hacer una pausa y pensar un poco?

Amway Australia nos trató bien; sostenía convenciones en las que participamos como oradores, cada viernes por la noche y sábado por la tarde. Durante la semana, Amway nos mandaba de vacaciones a diversos lugares, entre los cuales figuró la punta norte de Australia, frente a Nueva Guinea.

Australia es básicamente desierto y estepa; la

gente vive a lo largo de la costa. En la punta norte, frente a Nueva Guinea, hay algo muy especial para Australia: un bosque tropical lluvioso. No pequeño, mide 18 Km. de ancho y 3000 Km. de largo en esta península. Tres mil kilómetros es sólo una punta al noreste de Australia.

Amway nos acomodó en un hotel en la playa de Port Douglas. La suite costaba 1,000 dólares la noche y era fácil perderse en ella. Era maravillosa. Ya que habíamos llegado hasta aquí, mi esposo sugirió que deberíamos hacer lo posible por salir a conocer la selva, por lo que contraté, vía el hotel, a un guía para que nos paseara en un jeep, durante tres horas.

Fue una experiencia maravillosa que nunca olvidaré. Uno siempre se imagina que los árboles tienen sus raíces en el suelo; en el bosque tropical me di cuenta de que en realidad hay diferentes planos. Está el tronco, que es grueso, del que, a una altura de 15 metros, emergen helechos a partir de las semillas que allí germinaron. Cuando los helechos mueren y se descomponen, crean una segunda capa de tierra de la que crecen nuevos árboles. Hay plantas trepadoras y lianas, hay plantas que tenemos en nuestra casa, en macetas, pero que en estado natural alcanzan 10 a 20 metros de alto. Fue fascinante, pero estaba tan tranquilo y silencioso que le pregunté al guía si no había pájaros o cualquier otro animal. -Sí- me contestó -pero salen de noche, no de día.

A las dos de la tarde abrió el maletero del jeep, sacó una estufa de gas y preparó té y café para nosotros.

Delicioso. Nos dijo que éramos los primeros en no querer comer el almuerzo allí. Yo comenté que en realidad nosotros nunca almorzábamos y que no empezaríamos a desarrollar el hábito en la selva, pero luego pensé que no hubiera sido mala idea, después de todo.

Uno se acostumbra al lujo muy pronto. Comienza a tomarse como algo perfectamente normal. A pesar de esto, Amway nunca logró cambiar el gusto de mi paladar. Aun frente a un buffet que ofrece salmón, caviar, marisco, frutas exóticas y todo tipo de carne, sigo prefiriendo las patatas y el queso.

Así que le dije a mi marido: -¿No sería maravilloso regresar de noche? Podríamos cenar en la selva y comer algo decente: algunas papas que él cocine en su estufa, acompañadas de carne para ti y de ensalada para mí. Eso sería fabuloso, algo fuera de lo común.

Le pregunté al guía si estaba libre por la noche. Por supuesto, significaba 300 dólares más para él. ¡Seiscientos dólares en un día! Por esa cantidad, estaba más que dispuesto y feliz de traernos por la noche.

Nos recogió a las seis y nos llevó a un sitio diferente del que habíamos visitado por la mañana. Había un río hermoso, cristalino, de 50 metros de ancho. El doctor estaba boquiabierto. Podíamos ver los peces nadar entre las piedras. El guía nos dijo: -Aquí no hay cocodrilos. Los cocodrilos no viven en aguas cristalinas, sólo en aguas estancadas.

El doctor se desvistió para zambullirse en el agua. De pronto, un enorme tábano apareció volando.

El guía nos tranquilizó diciendo que no nos picaría mientras estuviéramos secos. ¡Fue sorprendente ver a mi marido vestirse inmediatamente! El doctor ya no nadó en el río. Luego nos topamos con una señal que decía: »Sendero, recorrido: 45 minutos«.

Los que me conocen saben que no me encantan los deportes, pero a mi marido le gusta mucho caminar, salir a dar un paseo. Para mí, es suficiente con subir y bajar las escaleras de un hotel. Me dije: Bueno, el pobre no pudo nadar, quizá debamos caminar por ahí. Dos kilómetros y medio no son tanto. Creo que puedo resistir.

Imagínense: yo, de tacones, playera sin mangas y pantalones cortos, atravesando a pie la selva. Los cigarros y el encendedor se quedarían en el coche, no los íbamos a usar. Cuando uno camina al lado del doctor no es posible llevar cigarros. De por sí me es difícil mantener el paso a su lado tan sólo tres minutos después de haber empezado; no necesitaba que los cigarros me hicieran más pesado el asunto.

Comenzamos a caminar. El sendero estaba perfectamente señalado, no había forma de perderse. Era fácil caminar, hasta que al guía se le ocurrió tomar un atajo. Entonces, nos perdimos.

Nos llevó a un arroyo. Era todo un reto tratar de caminar sobre las piedras con mis tacones, pero mi marido me sostenía en su mano, lo que hacía el esfuerzo menos problemático. Lo que pasó después fue fascinante.

Nunca me di cuenta de a qué hora se puso el sol. En Alemania, sí me percato de cuándo comienza el atardecer y el sol, lentamente, desaparece. En Australia, no hubo atardecer. Parecía como si el sol se hubiera dejado caer entre los árboles y ya no estaba más. ¡Como si alguien hubiera apagado la luz!

Estaba completamente oscuro. Mi esposo seguía sosteniendo mi mano. No podíamos vernos la cara el uno al otro. Le pregunté al guía: -¿Qué haremos ahora?
 -Esperaremos a que salga la luna.
 -¿A qué hora sale la luna?
 -Como a las once.
 ¡Todavía no daban las ocho de la noche! El guía creyó que era mejor que nos saliéramos del cauce del arroyo porque podía ser peligroso permanecer ahí. Podía haber animales que nos picaran u otras criaturas dentro o alrededor del agua.
 Fantástico. Ahí estábamos los tres sentados en la ribera del arroyo. El doctor sacó sus tres últimos cigarros y nos los repartimos. Uno para el guía, otro para mi marido y el tercero para mí. Esperamos a que saliera la luna.

Dieron las once, nada de luna. Las once y media, nada. La media noche, nada todavía. Doce y media, comenzó a clarear, ya podía ver la cara de mi marido. A la una podía ver las piedras que estaban en el cauce del río.
 A esa hora, los tres comenzamos a caminar otra vez por en medio del río de diez metros de ancho, tratan-

do de pisar las mismas piedras que nos habían llevado hasta donde estábamos. ¡Nada fácil! De hecho, imposible, por lo que terminamos en un punto completamente diferente del punto del que habíamos partido en la orilla opuesta.

Todo había sido una estupidez nuestra. Debimos haber previsto qué iba a pasar del otro lado. No había grandes árboles en el cauce del río ni en las riberas. Treinta metros sin árboles era como una isla a la que llega la luz de la luna, pero tan pronto llegamos a la parte poblada de árboles, la luz desapareció. Estaba tan oscuro como en el otro lado.

-¿Ahora qué?- le pregunté al guía.

-Ahora esperaremos a que salga el sol.

Ya ni siquiera pregunté a qué hora saldría el sol. Nos sentamos los tres en un tronco caído. Habíamos abandonado la idea de seguir caminando poco después de que me quedé atrapada entre plantas trepadoras de las que no podía librarme y sólo lo logré con ayuda de mi marido, después de muchas dificultades.

Así que ahí estábamos los tres: el guía, mi marido y yo, sentados en un tronco. El guía nos dio unos palos largos y dejó de ser gracioso. A estas alturas yo ya había perdido mi sentido del humor. El guía nos dijo que las serpientes australianas son las más venenosas del mundo, pero que no gustan de las vibraciones. Por ello comenzamos a golpear rítmicamente el suelo con las varas, al tiempo que tratábamos de desprendernos las sanguijuelas que se nos habían adherido y de ahuyentar los insectos que buscaban continuamente descender sobre nosotros.

Nos mantuvimos ocupados. Podíamos retirar las sanguijuelas sólo con cigarros encendidos. Se adhieren a la carne hasta que están llenas, entonces se desprenden solas, pero llegan nuevas. No era divertido. En algún momento, uno comienza a tener alucinaciones.

Escuchábamos los gritos de la jungla. Realmente está viva por la noche. Aparecieron los pájaros, los jabalíes, más insectos. Todo cobra vida por la noche. Al principio teníamos confianza de que todo iba a salir bien. Pronto, nuestro guía comenzó a sollozar: -Estoy quebrado. Mi vida entera se habrá arruinado cuando el hotel se entere de que perdí a dos de sus huéspedes en la selva. Termino de comprar este jeep en 85,000 dólares. En realidad, todavía es propiedad del banco. Si el hotel se entera de lo que ha pasado, jamás conseguiré un huésped otra vez.

-¿Cuánta actividad le genera el hotel?- le pregunté.

-Toda- contestó.

Me parecía lógico. Había otros hoteles por 30-35 dólares la noche, pero alguien que paga eso no contrataría un tour guiado por la selva por 300 dólares; esta cantidad es equivalente a diez noches de hospedaje. En consecuencia, nuestro hotel era la única posibilidad de contar con huéspedes dispuestos a pagar un paseo así, en su jeep y ciertamente el hotel ya no le mandaría ninguno cuando se enterara que se había perdido con dos huéspedes en la selva.

Tratamos de reconfortarlo. Le dijimos que trataríamos de solventar la situación de alguna manera a la mañana siguiente. Una vez que lo tranquilizamos, comenzamos a pensar: ¿Cómo saldremos de aquí? Nos dimos cuenta de que el guía no tenía idea de cómo sacarnos de aquí.

Yo pensé: ¿Cómo saldremos? No podemos orientarnos con el sol porque nunca sabremos realmente dónde está. El techo de hojas nos impide ver hacia dónde está el Oriente, hacia dónde el Poniente. Sólo hay una solución, concluimos: seguiremos el curso del río. Nos llevará hasta el mar.

Aunque sabíamos que habría partes de la ribera con desfiladeros de 100 metros de altura, que no podríamos trepar ni pasar por ellos, también sabíamos que si nos manteníamos cerca del río, tendríamos la posibilidad de llegar al mar.

Me dije: mañana a las diez de la mañana vendrá una limusina a buscarnos para llevarnos al aeropuerto. Cuando se percaten de que no estamos en el hotel, comenzarán las investigaciones. Quizá lleguen al punto donde empezamos el tour, quizá manden a un helicóptero a sobrevolar el curso del río. Fuera de esa zona no tendría sentido. Si nos mantenemos en o cerca de la ribera, tendremos la posibilidad de que nos vean.

Sin embargo, durante la noche no teníamos la certeza de que saldríamos de la selva con vida. Comenzamos a reflexionar: ¿Cómo ha sido nuestra vida en los últimos 16 años? ¿Qué hemos hecho de importancia? Esa noche comprendí por primera vez el verdadero significado del negocio Amway.

Mi esposo y yo teníamos seguros de vida increíblemente altos, pero yo estaba segura de que la compañía de seguros no pagaría, ni siquiera en los siguientes cinco años, pues ¿quién nos declararía muertos? Eso llevaría mucho tiempo. Nadie haría el esfuerzo por buscar nuestros cuerpos. Pensé en otra cosa: si no hubiéramos firmado nuestra solicitud en 1976 y nos hubiéramos quedado en la universidad o hubiéramos encontrado un »verdadero« trabajo -aun cuando hubiéramos llegado a un alto nivel en la mesa directiva de algún banco alemán y hubiéramos logrado un ingreso de 1,5 milliones marcos[1]- ¿qué habría pasado si no lográbamos salir de la selva con vida? Ya no pagarían nuestro salario desde ese día. Si hubiéramos tenido el capital para empezar un negocio »de verdad« como la mueblería que había yo pensado, ¿seguiría existiendo ese negocio aun en nuestra ausencia? No lo creo. Más bien dejaría de generar ganancias muy pronto. Fui consciente de las ventajas que realmente ofrece el negocio Amway.

Pensé en mi hermano mayor, dos años mayor que yo, más inteligente que yo; después de todo él es hombre. Tiene un verdadero negocio: una fábrica de muebles que produce sillas de oficina. Actualmente, mi hermano está construyendo plantas de fabricación de sillas, por un valor de veinte millones de marcos[2]. Mi madre ya no puede dormir. Cada noche reza: Dios mío, por favor, haz que esto funcione. Permite que Michael genere suficientes ganancias.

---

[1] Cerca 750,000 € o 1,050,000 $
[2] Cerca 10 milliones € o 14 milliones $

Entiendo muy bien a mi madre. Mi hermano Michael tiene al banco colgado de su cuello. Al final de cada año, le cobra dos milliones[1] sólo en intereses. Nosotros no tenemos un verdadero negocio. Lo »único« que tenemos es el negocio Amway. Yo llevo cada año dos milliones al banco y cada año me reciben con alfombra roja porque se los doy para que los puedan invertir.

Esa noche pensé en mi padre, que también tiene una hermosa fábrica de sillas. Comenzó su negocio después de la guerra y llegó a construir una fábrica. Al principio, empleaba sólo 56 técnicos en ingeniería y formaba a personal que se dedicaba sólo a operar máquinas. Metían madera por un extremo y por el otro salían sillas empacadas. Todo era automático. Sólo requería gente que operara las máquinas.

Yo viví cómo los almacenes de mi padre crecieron hasta saturarse, viví que alquilaron graneros porque los almacenes eran insuficientes. Pero en 1976, el gusto cambió. La gente ya no quería sillas de madera; quería sillas de cromo, plástico etc.etc. así. Las sólidas sillas de madera de mi padre ya no encontraban un lugar en el mercado.

Esa noche recordé una carta que mi padre recibió un viernes, de parte del banco, y que hablaba sobre los créditos que le habían otorgado y que debían ser liquidados el lunes.

Esa noche, en ese tronco en medio de la selva, recordé el sábado en que mi padre supo que un amigo suyo, que había recibido una carta de la misma naturaleza, se había dado un tiro la noche anterior. Recuerdo a

---

[1] Cerca 1 millión € o 1,4 milliones $

mi padre declarándose en bancarrota el lunes temprano.

El gusto había cambiado y mi padre estaba ahí, impotente. Esa noche pensé: ¿Puede uno cometer decisiones equivocadas en mi negocio? Incluso si compro 100 o 200 paquetes especiales de oferta y los guardo porque soy muy perezosa para ir a buscar clientes, los puedo usar en mi casa. ¿Fue una mala decisión? ¡No es posible tomar malas decisiones!

Muchos tienen miedo de la inestabilidad económica en caso de montar su propio negocio. Hoy, el gusto es así; mañana será de otra manera. Mas no importa si hay desempleo o si desaparece, siempre será necesario limpiar. Por eso, mis productos siempre se venderán.

Si mi esposo y yo no logramos salir de esta selva, nuestro negocio Amway está hecho sobre la base de muchas pequeñas ganancias a partir de muchos pequeños productos que todo el mundo necesita una y otra vez. Tenemos un negocio que es estable, un negocio que siempre generará un ingreso, un ingreso que llegará, mes tras mes, sin importar si morimos o vivimos.

Nuestro negocio se hereda. Nuestros hijos y nuestros nietos podrán vivir de este negocio.

Esto nos daba seguridad mientras estábamos ahí, en la selva, golpeando el suelo rítmicamente con nuestros palitos y ahuyentando los insectos: saber que en los últimos 16 años habíamos hecho algo sustancial y que no tendríamos que preocuparnos por quienes habíamos dejado en casa.

Alrededor de las cuatro, el guía nos dijo: -La única posibilidad de salir de aquí es que un aborigen nos encuentre.

Yo pensé: ¿De dónde supone este hombre que saldrá un aborigen para salvarnos?

Poco después comencé a tener alucinaciones: brillantes gusanos que comenzaban muy pequeños y luego crecían y crecían hasta hacerse grandes. Llegaban a ser tangrandes que incendiaban la selva entera alrededor nuestro.

Resultó que no eran gusanos brillantes, sino una cuadrilla de rescate, guiada por un aborigen, que nos había encontrado.

Esa misma tarde dimos una conferencia en una convención en Melbourne.

12.
MADEIRA 1991

Eva Müller-Meerkatz

Visualízalo grande, mantenlo simple.

Wilferd Petersen

El seminario de liderazgo en Madeira, 1991, fue para mí el seminario más hermoso de todos a los que he asistido en quince años de nuestra historia Amway. Fue el seminario en el que vi mayor cantidad de ojos brillantes, con ojos de asombro, porque no podían creer que los plátanos crecen en árboles y que uno puede estirar un brazo y cortarlos.

Muchos de los asistentes se levantaron a las seis de la mañana para caminar por la playa. Tocaban los árboles para constatar que eran reales y no de plástico. Regresaban al siguiente día para comprobar que ahí seguían y que no habían sido puestos sólo para la ceremonia de bienvenida. ¡Para mí significaba tanto la sorpresa, el brillo y la chispa en sus ojos!

En los últimos años, mi esposo y yo hemos visto mucho. He viajado por todo el mundo. Nos hemos hospedado en los mejores hoteles del mundo, con frecuencia invitados por Amway. Seguramente nos hemos quedado en hoteles más hermosos que el de Madeira; sin embargo, Madeira es uno de mis recuerdos más importantes y hermosos de mi vida.

En Madeira, Jim Payne, el director administrativo de Amway Alemania en ese momento, hizo poner de pie a todos los que asistían al seminario por primera vez. Después pidió que se sentaran. Luego pidió que se pusieran de pie a los que asistían por segunda vez, que eran menos en número. Pidió lo mismo a los que asistían por tercera vez, y así siguió hasta que llegó a la decimoquinta ocasión. Mi esposo y yo fuimos los únicos en ponernos de pie.

Durante esta ceremonia, veía frente a mis ojos una película: el primer seminario de liderazgo, en 1976, en el lago Spitzingsee, a 50 Km., es decir, a una hora de Munich. Llegamos en autobús, no había necesidad de volar. Fue encantador estar en medio de la nieve bávara.

Tengo en mi álbum una foto de grupo de este seminario. No son pocos los que aparecen en la foto: el director administrativo, Erich Schmidt; el director de ventas, Norbert Ziesche, y algunos distribuidores directos. Lo sorprendente es que todos los que aparecen en la foto ya no están en el negocio Amway; ninguno, salvo nosotros.

Los directores administrativos van y vienen, los directores de ventas cambian. Nos hemos acostumbrado a esto después de 20 años de estar presenciándolo. Lo lamento por los distribuidores que no encontraron la fuerza para seguir adelante, ¡tan sólo un día más! No hay perdedores en el negocio Amway. Sólo hay personas que se retiran faltando un día.

No es importante lo sucedió el día anterior. Muchos se fijan una meta que quieren alcanzar a cualquier precio, pero algo surge y entonces ya no la alcanzan. Muchos carecen de la fortaleza y el coraje para seguir adelante, a pesar de aquello. Sólo hay una cosa que no debes hacer: hacer a un lado la oportunidad de tu vida.

Cuando nos levantamos y nos sentamos de nuevo, yo veía una película frente a mis ojos: quince años de nuestra vida; quince años pueden ser mucho tiempo, pero también pueden pasar tan rápido como cinco minutos. Mientras escuchaba el discurso del señor Herdegen, me decía a mí misma: ¡Tiene toda la razón! Hay que estar obsesionado con este negocio para realmente llegar a tener éxito. Si no hay una llama en tu corazón, ¿cómo pretendes encender aunque sea una chispa en el corazón de otros?

También escuché el discurso de mi esposo: dijo que nosotros habíamos entregado el alma a Amway. Quizá debió haberlo dicho de manera diferente: Amway llegó a ser nuestra vida. Creo que esto ha sido verdad durante muchos años, pero he venido a ser consciente de ello hasta muy tarde.

Recuerdo un incidente ocurrido en el verano de 1976. En mayo habíamos alcanzado el nivel de Perla. Llevábamos tres meses en el negocio Amway. Después de ese mes, ya teníamos un volumen Rubí. Viéndolo en retrospectiva, debo admitir: no estaba mal, pero aun así, nunca estábamos satisfechos.

Ciertamente, Amway no lo tenía fácil con nosotros. Con frecuencia, me enojaba mucho con Amway. Muchas cosas no me gustaban: las entregas tenían fallos, los cheques se cobraban demasiado pronto, había pocos productos y sus actividades no me gustaban nada. En cada reunión sentía que la compañía sólo confundía a la gente. Los empleados de Amway me parecían poco colaboradores y de escaso criterio.

Un día, ese verano, me presenté en la oficina de Amway en Gräfelfing, con mi hija Susan. En aquella época, la subsidiaria alemana era pequeña. Susan, de cuatro años, deambulaba por las oficinas mientras yo esperaba sentada, en su oficina, al señor Erich Schmidt. Su oficina era más grande que nuestro apartamento de tres cuartos; estaba alfombrada, mientras que nuestra casa tenía un gastado tapete; había una silla ejecutiva, grande, de piel autentica. El sofá de mi casa no valía ni un tercio de lo que valía esa silla. Para acabar, tenía un escritorio enorme. La distancia entre nosotros estaba bien marcada. ¡Él representaba algo! Se sentaba en una silla revestida de piel autentica mientras yo ocupaba, a cierta distancia de su escritorio, una incómoda silla con el respaldo recto.

Esa era la situación. Las fronteras estaban claramente marcadas. El representaba algo y se suponía que yo debía respetar eso, pero nunca pude mantener la boca cerrada. Yo estaba furiosa.

Le dije muy claramente al señor Schmidt que tenía toda la intención de renunciar, que estaba harta de Amway, supuestamente una compañía de clase mundial. Amway era incapaz de cualquier cosa, era totalmente inútil. Los acuerdos y el bono estaban equivocados, así que un camión debía pasar a recoger su basura.

El director administrativo seguía sentado, riéndose en mi cara. Mientras yo echaba humo, el reía muy contento. ¿Cómo es posible que alguien ría mientras yo estoy furiosa? Debería quedarse callado y aparentar que se siente avergonzado. Pero no, se reía más y más cuanto más enojada me ponía yo, hasta que le pregunté:

-Dígame, señor Schmidt, ¿de qué se ríe?

-Hablé con su hija Susan hace rato- contestó él muy tranquilo -¿Sabe qué me dijo? Que su madre le dice diariamente: Amway nos da el pan de todos los días.

Erich Schmidt tenía razón al reírse; sabía que yo no podía renunciar. Sólo en ese momento me di cuenta de ello.

Con los años, Amway nos ha dado más de lo que podríamos haber imaginado. Nos ha dado libertad personal e independencia financiera. En 1976, no imaginaba que llegaría el día en que yo decidiría si trabajaba o no, si me levantaba o no, si me compraba un coche o no y cuál compraría, lo mismo para una casa. Todo esto nos ha dado Amway. Incluso, aun dejando de trabajar, el dinero de Amway llegaría de todas maneras y creo que a uno le viene muy bien un millón y medio a dos millones marcos al año.

Además de la independencia financiera y de la libertad personal, el negocio Amway nos ha permitido criar a nuestros hijos mayores y tener tres más. No cabe duda, sin el negocio Amway no habría habido manera de tener a los tres más pequeños.

Mi esposo y yo hemos envejecido y, creo que, hemos ganado sabiduría en los 35 años que llevamos en el negocio. Hemos aprendido a entender mejor a los otros, a aceptarlos y respetarlos por lo que son y por lo que serán. Todos, igual que nosotros, necesitan un poco de amor, seguridad y apoyo.

Sin embargo, la gente no tiene las mismas metas que nosotros tenemos; de hecho, algunas veces no corresponden en absoluto a las nuestras, lo cual dificulta bastante el estar con ellos.

Aprender que las otras personas tienen el derecho de tener sus propias metas fue para nosotros la lección más difícil de aprender a lo largo de estos 35 años de estar en el negocio Amway. Si cambiar el mundo era nuestra meta, no necesariamente era la de nuestros socios. Yo, en particular, lo pasé muy mal convenciéndome y tratando de entender que los otros pueden no querer lo mismo que yo. El negocio Amway funciona sólo si la gente puede desarrollarse con libertad para así poder llegar a ser lo que cada uno quiere ser. La enseñanza de que otras personas pueden tener metas diferentes a las mías fue, sin duda, la más dura de todas. Implicó muchos conflictos y confrontaciones.

De hecho, todo lo que sucedió en aquellos años fue, de alguna manera, producto del amor que sentíamos por nuestros socios: queríamos más para su futuro de lo que ellos mismos querían. Estamos muy orgullosos de todos aquéllos que alcanzaron el éxito. Nos llena de orgullo observar lo que han llegado a ser, cómo se han desarrollado, cómo han luchado por su libertad y se han convertido en hombres y mujeres de negocios, profesionales, en tan poco tiempo. Estamos orgullosos de haber podido acompañarlos durante parte de su camino. Cada uno de ellos tenía que hacer, y lo ha hecho, el trabajo por sí mismo.

Lamento que haya habido situaciones en las que no podíamos, o no queríamos, entendernos el uno al otro. A pesar de ello, quiero agradecer los momentos que pasamos juntos. Algunos quizá crean que recibieron algo de nosotros, pero casi todos no saben lo mucho que nos dieron, día tras día.

Espero, de corazón, que nadie necesite veinte años, como fue nuestro caso, para aprender a tener con otros, con un poco más de paciencia, un poco más de amor y un poco más de libertad de movimiento, ejercer su derecho a escoger su propio camino para alcanzar la libertad personal. Uno puede ayudar a la gente a empezar, uno puede hacer un dibujo de cómo podría ser su futuro, pueden dar los primeros pasos juntos, tomarla de la mano y decirle: -Vamos, intentémoslo. Pero si alguien quiere alcanzar el éxito, debe aprender a caminar solo. Mi estima, mi respeto y mi agradecimiento para todos los distribuidores Amway.

También quiero agradecer a Amway, la compañía, que ciertamente no la ha tenido fácil con nosotros en estos últimos 35 años.

13.
UN MUNDO NUEVO Y VALIENTE[1]

Dr. Peter Müller-Meerkatz

*Dios, dame la serenidad para aceptar las cosas
que no puedo cambiar, el coraje para cambiar
lo que sí puedo y la sabiduría
para reconocer la diferencia.*

Reinhold Niebuhr

---

[1] Título de un film publicitario de Amway de los años 80, del siglo pasado.

El 15 de octubre de 1993, se llevó a cabo el congreso de Amway Polonia en Varsovia. Doug de Vos voló en el avión de la compañía para estar presente en este primer congreso en Polonia. La noche anterior a esa fecha se ofreció una cena de bienvenida en el Hotel Marriot. Durante la cena, me senté junto a una bella y joven dama. Era polaca, pero siendo niña había emigrado a Australia. Regresó a su país natal para dedicarse al negocio Amway y ya había alcanzado el nivel de Esmeralda.

Nos preguntó si podíamos apartar unos momentos para hablar con ella al siguiente día, quería hacernos algunas preguntas. Acordamos encontrarnos en el Café Viena del Hotel Marriot, el domingo por la mañana.

Así que al siguiente día estábamos ahí sentados, en el Café Viena de este hotel americano en Varsovia, dos alemanes y una distribuidora australiana para hablar sobre el negocio Amway. Durante la conversación, nos interrumpieron dos distribuidores austriacos porque querían una foto con nosotros. Estaban participando en el congreso y eran distribuidores en Alemania, dentro de nuestra línea, en algún punto debajo de Buntschek. Uno de ellos era Productor Plata. Jim Powell, un especialista en logística, británico, también se detuvo para despedirse pues salía para Praga a preparar todo para la apertura en la República Checa. -¿Podríamos cenar juntos en Praga, el 11 de noviembre?- nos preguntó.

Cuando recuerdo todo esto, siempre pienso en marzo de 1976, fecha en que no buscábamos otra cosa más que crear un pequeño grupo de 20, 30 personas en los alrededores de una pequeña población, cerca de Donauwörth, en la parte norte de Suabia. Queríamos ganar unos 1,000 marcos extra[1]. Sólo queríamos un poco de independencia; no nos atrevíamos a usar la palabra »libertad« en aquella época.

Sentados con esta Esmeralda, mitad polaca, mitad australiana, en el hotel americano, en Varsovia, ¿de qué hablamos? Naturalmente, sobre el negocio Amway y por supuesto, de los secretos de éxito en este negocio. Cada parte habló de lo exitosos que eran sus distribuidores. Nosotros comentamos sobre nuestro último Productor Plata, que, finalmente, después de cuatro intentos y después de estar cinco años en el negocio, había logrado calificar al 21%. Comentamos sobre Backhaus, quien durante seis años no había hecho nada, hasta que finalmente calificó al 21% y luego, en un corto periodo de tiempo, había llegado a ser Embajador Corona. Hablamos acerca de otros que tras una, dos o tres fracasos se habían rápidamente dado por vencidos.

En el fondo, teníamos la seguridad de una cosa, algo que es intrínseco al éxito dentro de este negocio: Amway es un mundo completamente diferente.

No entraré en detalles para describir este mundo completamente diferente. Todos los distribuidores Amway saben muy bien que vivimos en un mundo diferente. Todos han vivido la experiencia de haber escuchado: »¡Ya no puedo hablar contigo de otra cosa!« o »¡No piensas más que en Amway!« o »Uno podría empezar a pensar que te has unido a una secta« o »Te desconozco, te has convertido en alguien completamente diferente«.

---
[1] Cerca 500 € o 700 $

También sientes que lo que es placentero para otros, es una carga para ti: por ejemplo, las reuniones familiares, ¿no te aburren hasta decir basta? ¿No es la temporada de fiestas, cuando toda la familia y los amigos se reúnen, una pesadilla hecha realidad?

El mundo de Amway es diferente al entorno y una condición imprescindible para el éxito es decir que quieres vivir en ese mundo. Una ley natural dice que un distribuidor exitoso está dispuesto a hacer cosas que un distribuidor no exitoso no estaría dispuesto a hacer. Simplemente: un distribuidor exitoso quiere entrar de lleno en el mundo Amway. Quiere formar parte de este mundo; no quiere renunciar a él bajo ninguna circunstancia. Se le ha abierto un mundo nuevo y, no importa lo que pase, no quiere renunciar a él.

Consciente o inconscientemente, la familia Backhaus, por ejemplo, durante seis años hizo todo lo necesario para no tener que renunciar a ese mundo nuevo. Se rehusó a que le fuera arrebatado: asistía a seminarios de formación, asistía a todas las reuniones, escuchaba todas las cintas, participaba en todas las promociones, hacía todo lo que su upline sugería. No dudaba en tomar el coche para ir a cualquier sitio al que fuera convocada. Participó en todas las actividades. Patrocinó y estuvo activamente atendiendo a sus clientes. Todo esto durante seis años sin lograr éxito.

¿Por qué hizo todo eso? Porque quería el mundo Amway, no quería dejarlo ir. No podía imaginar la vida fuera del mundo Amway.

Lo mismo puede decirse de todos los distribuidores. Pueden no haber tenido éxito durante muchos años; pueden haber estado perdiendo el tiempo durante varios años. Sin embargo, llegan a ser Platinos, llegan a ser Diamantes y logran cualquier cosa dentro del negocio, siempre y cuando quieran para sí este nuevo y diferente mundo. Mientras lo deseen, participarán en seminarios, querrán conocer Ada, querrán escuchar las cintas con entusiasmo, ganarán nuevos clientes y los atenderán, y los patrocinarán.

No harán esto por dinero, sino porque quieren pertenecer al mundo Amway. El éxito, el reconocimiento, los viajes, el »pin«, y también la envidia y los celos, el dinero, la casa, los coches... todo esto vendrá mientras quieran para sí el mundo Amway. Éste es el secreto del éxito. El secreto es realmente querer el mundo Amway para uno, no querer perdérselo jamás.

Es un maravilloso mundo lleno de reconocimiento, lleno de música y de amigos. ¡Cuánto hemos experimentado en este peculiar mundo! ¡Las situaciones a las que nos ha llevado! ¡La cantidad de veces que hemos reído dentro del mundo Amway!

En el tercero año tuve una emocionante experiencia: nuestro patrocinador original, David Crowe, había vendido su negocio a su patrocinador, Elmer Gibson, a quien no conocíamos. Cuando en 1978 avisó que vendría a Alemania, lo esperábamos ansiosos.

Durante la visita de Gibson buscamos un espacio grande para instalar nuestro centro de formación al que asistirían de 150 a 200 personas. Gibson tenía preparada una historia que quería contar y que resultó muy simpática.

La historia trataba sobre un huevo de águila empollado junto con huevos de gallina en una granja; la pequeña águila nació y se crío entre los pollos. Cuando éstos comenzaron a escarbar y picotear la tierra, el águila se da cuenta de que puede volar. Abre las alas y sobrevuela la granja y observa a los pollos desde allá arriba.

Gibson quería terminar con la pregunta: ¿Qué quieren ser ustedes: un águila en las alturas con una amplia perspectiva o prefieren escarbar en la tierra como los pollos?

Era una parábola bonita, del tipo que gusta a los americanos. Desafortunadamente, Elmer Gibson no hablaba alemán, por lo que Eva traducía con entusiasmo su narración. En el momento decisivo en que el águila sale del huevo, Eva, en lugar de usar el término correcto de águila, uso la palabra puercoespín. Funcionó bien durante un rato: el »puercoespín«, rascaba la tierra junto con los pollos; sin embargo, cuando llegó el momento de abrir sus alas y volar, el asunto se tornó crítico.

En el momento de la pregunta retórica: ¿Quieren volar como los puerco espines o escarbar como los pollos? tuvimos que admitir que la historia de Gibson había tomado el rumbo equivocado.

No sé lo que hayan pensado nuestros distribuidores Amway en ese momento, pero seguramente concluyeron que el mundo Amway ¡es un mundo totalmente diferente!

Podría llenar páginas y páginas con historias y experiencias del singular mundo Amway. Algunas son agradables y otras dolorosas; algunas son placenteras y otras te rompen el corazón, pero todas son únicas e inolvidables. Nunca nos hemos aburrido y sólo en el mundo Amway fueron posibles nuestras experiencias. Vale la pena luchar por este mundo.

14.
DIECIOCHO AÑOS DESPUÉS
(1992 – 2010)

Dr. Peter Müller-Meerkatz

Me gusta vivir pobre...
pero con mucho dinero.
         Pablo Picasso

Corre el año 2010 y han pasado casi 35 años desde que empezamos con el negocio Amway. Tal vez sea tiempo de hacer un balance. Comenzamos con la idea de establecer una pequeña organización cerca de nosotros, digamos, frente a la puerta de nuestra casa. Y lo cierto es que muchas grandes líneas de patrocinadores europeos se originaron en un radio de no más de 100 kilómetros, próximo a nuestro lugar de residencia desde 1976 hasta 1978. Suabia de Baviera fue la cuna del negocio Amway de Alemania y, posteriormente, de Europa.

Actualmente, el volumen de nuestras comisiones Diamante y Esmeralda proviene de 30 países[1]. ¿Cómo llegamos a eso? En realidad, de manera muy simple: trabajamos desde casa, con patrocinio y ayudando a la gente a patrocinar. Además, también teníamos nuestros clientes. Nuestros empresarios duplicaron el negocio incorporando a conocidos y familiares y a otros interesados de toda Alemania Occidental. Después de algunos años, teníamos Downlines por todas partes, desde Rendsburg hasta Berchtesgaden. Posteriormente, Amway inauguró una oficina en Suiza, en donde nuestros distribuidores alemanes brindaban patrocinio a sus amigos y parentesco de ese país. De esta manera, muchas »patas« de Suiza se convirtieron en nuestra Downline. Luego se sumó Austria: nuestros empresarios alemanes y suizos brindaron patrocinio a sus conocidos austriacos. Pronto todos nos entendíamos en alemán. Y muchos negocios Amway austriacos se incorporaron en nuestras Downlines. Cuando se inauguró Italia, procedimos de la misma

---

[1] Diamond Statement 2008/09

manera. Así fue que muchos negocios Amway de toda Europa Central formaban parte de nuestra línea de patrocinadores.

Luego cayó el muro en 1989. ¿Qué hicieron nuestras Downlines? Desde ya que comenzaron a patrocinar a sus hermanos y hermanas de Alemania del Este, de modo que nuestra línea de patrocinadores casi cubría toda Alemania. Y por si esto fuera poco, tuvimos a nuestros »Ossis« -diminutivo que se refiere a los alemanes del este- durante cuarenta años para establecer y cuidar las relaciones con sus países socialistas hermanos, a quienes también querían patrocinar. De esta manera, nuestra línea de patrocinadores se amplió hacia Hungría, Polonia y Chequia.

Hasta el año 1992 permanecimos en Alemania, siguiendo el proverbio que dice »Quédate en tu tierra y gana tu pan honradamente«. Éramos distrubuidores alemanes y les cedimos a otros miembros de nuestra Downline los viajes al exterior. Pero expandir Amway a las regiones reservadas por su condición de socialistas era un proyecto que nos fascinaba y por el que estábamos dispuestos a ponernos en movimiento. Primero viajamos a Alemania del Este para construir el negocio allí[1] y no dudamos en ir a Polonia en 1993, cuando Amway se estableció en ese país. En el primer año ya calificamos para el nivel Esmeralda.

En 1994 se inauguró el negocio Amway en Chequia.

---
[1] Comp. cap. "Los primeros treinta días (Este)"

También estuvimos presentes allí desde un principio y obtuvimos la calificación para el nivel Esmeralda desde el primer año comercial. Resulta inolvidable el 25 de febrero de 1994, en el que Amway abrió sus puertas para Chequia: ese día entregamos diez mil solicitudes Amway checas en el pabellón del deporte sobre hielo de Praga. Un fulminante preludio que se mantuvo en el tiempo; Chequia es actualmente un mercado importante para nosotros. Recién en 2008 obtuvimos la calificación para el nivel Diamante.

El 26 de julio de 1997 se presentaron por primera vez dos bellas y jóvenes mujeres en nuestro seminario diario en Schmutterhalle de Bäumenheim: Tatjana Kuzmenko e Inna Polishchuk.

Ambas eran de Kiev, no hablaban ni una palabra de alemán y chapurreaban un poco de inglés pero querían »hacer« Amway. Afortunadamente, en nuestra oficina teníamos en ese momento un aprendiz originario de Rusia que hablaba ruso. Con su ayuda pudimos entendernos con las damas y continuar en contacto con ellas. De ahí en adelante, ambas asistieron regularmente a nuestros eventos en Alemania y Polonia y esperaban ansiosamente que Amway llegara a Ucrania. Los ucranianos debieron esperar seis largos años hasta que Amway se instalara en su país en noviembre de 2003. Pero la espera valió la pena: en Ucrania tenemos ahora varias organizaciones Diamante sólidas. Inna y Tatjana obtuvieron su calificación en el primer año comercial ucraniano para el nivel Diamante. Actualmente (2009), Inna y su esposo Oleg son orgullosos Fundadores Triple Diamante en Ucrania, Founders Council Member y, además, Fundadores Diamante en Rusia.

Rusia es una historia muy especial. El Doctor siempre fue rusófilo, prefería y prefiere escuchar coros masculinos rusos y acordes de balalaica y de alguna manera le transmitió todo esto a nuestro segundo hijo David. De todos modos, cuando señalé que Amway en poco tiempo abriría su oficina en Rusia, en abril de 1997 David nos ofreció viajar a Rusia para establecer nuestro negocio allí. En ese momento hacía seis meses que se había casado y, a pesar de que su esposa Susanne estaba embarazada, ambos querían ir a Rusia.

Nosotros estuvimos de acuerdo. Desde el cambio político de 1989 para nosotros quedaba muy claro: Rusia sería nuestro gran mercado. Y siempre hicimos alarde de ello. Antes que nada, David y Susanne tomaron un curso intensivo de ruso y luego David viajó a San Petersburgo. Su tarea consistía en encontrar una vivienda para que madre e hijo tuvieran donde instalarse, también debía constituir una empresa para nosotros, que luego sería la sociedad responsable del negocio ruso, e inaugurar una oficina. David realizó todo debidamente y Susanne lo siguió en diciembre con el pequeño Frederic. Pero Amway no pudo instalarse en 1998, como había sido previsto. Mediante una circular, la Camara de Comercio Americana advirtió sobre las inversiones en Rusia, con lo que Amway dio marcha atrás y pospuso la fecha de inauguración por tiempo indeterminado.

El día de su cumpleaños -nosotros estábamos en Hawai- David nos llamó y nos preguntó qué debía hacer. Eva le dijo: -¡Quédate en San Petersburgo; Amway seguramente se instalará allí y Rusia será nuestro gran mercado! David le preguntó de qué podría vivir ahora. A lo que Eva le respondió: -¡Ya se te ocurrirá algo!

Y Davi así lo hizo. Fundó una empresa de programación, contrató de manera temporal a más de 100 programadores y trabajó para empresas occidentales a precios accesibles. Un año después, en el periódico alemán Süddeutsche Zeitung se publicó un artículo sobre él con el título »Silicon Valley en el río Nevá de San Petersburgo«. Este año (2009) su empresa ganó tres premios en la Feria del Libro de Frankfurt. Una vez establecido, David también triunfó en el mercado inmobiliario ruso.

Así, David y Susanne sobrevivieron muy bien hasta que Amway finalmente se instaló en Rusia en marzo de 2005. Meses antes, Eva había concluido una obra maestra diplomática, que consistió en reunir a todas nuestras líneas de patrocinadores dispersas e, incluso, enemistadas, en un único negocio ruso. De esta manera, Amway Rusia no solo se convirtió en el mayor mercado de Amway Europa, sino también en el nuestro: ¡más del 90% de nuestro volumen de ventas ruso »fluye« actualmente a través de nuestra línea de patrocinadores!

Antes de que comenzáramos con el negocio Amway, el Doctor había estado una sola vez en el extranjero en su período escolar, cuando viajó a Graz con la juventud deportista a la Fiesta Nacional Austriaca del Deporte. Corresponde mencionar a Austria como país extranjero? Con Amway siempre estamos de viaje. Gracias a los viajes a los seminarios anuales hemos recorrido todo el mundo; no solo fuimos al Mar Mediterráneo sino también a Florida y a Las Vegas en crucero. Y los mejor de todo es que como no solo estamos calificados para trabajar en Alemania, sino también en Europa del Este, Rusia y España, tenemos la posibilidad de disfrutar de estos viajes varias veces al año. A eso se le suman los viajes anuales Diamante a exóticas tierras: en 1993, a las Bermudas; en 1995 y 1999, a Hawai en 1996 y 2003, a Sudáfrica; en 1998, a Tailandia y en 2007, a Australia, por mencionar solo algunos de los destinos interesantes. También teníamos el Founders Invitational que se realizaba todos los años para los Ejecutivos Diamante (y para quienes tenían calificaciones superiores), en el que pudimos participar como Embajadores Corona.

Además, Amway nos bonifica con invitaciones especiales, desde que en el año 1992 obtuvimos la calificación Ultimate Crown Ambassador, gracias a los 25 patas alemanes Q12. Muy pocos empresarios obtuvieron esta mención de honor en todo el mundo, que en 1995 fue remplazada por la mención de honor Founders Crown Ambassador 40 FAA. Con Amway estuvimos en los Juegos Olímpicos de Atlanta 1994 y en Pekín 2008; en

2007 en el Gran Premio de Mónaco de Fórmula 1 de Monte Carlo y en el partido final de la Eurocopa (Alemania con España 2008) en Viena; también estuvimos en el partido final de Wimbledon 2006... Quién lo hubiera pensado hace treinta años!

Pero lo que más contribuyó a expandir nuestro negocio en todo el mundo fue el Founders Council de Amway. El Founders Council se basa en una idea de Rich DeVos, que una vez al año congrega a los ejecutivos más calificados de todo el mundo en una conferencia. El Founders Council se reunió por primera vez en 1999 durante cinco días en Grand Rapids, Michigan, USA. Desde entonces, se reúne cada año en distintos lugares, por ejemplo, en Nueva York, Washington y Newport Beach, siempre en un entorno lujoso. Amway convoca a todos los Embajadores Corona o Diamante calificados con 20 puntos FAA o más[1]. Actualmente, Amway cuenta con más de tres millones de distrubuidores en todo el mundo (información a 2009); entre ellos, solo unos cientos poseen 20 puntos FAA o más. A su vez, de estos cientos de distrubuidores existen actualmente 14 consultorías con 40 puntos FAA y más. Es decir que, hay un grupo exquisito de ejecutivos que se reúne en forma anual.

El Founders Council que Amway organiza cada año nos permite encontrarnos en forma regular con amigos que han erigido el negocio Amway de la misma manera que nosotros, que son pioneros en sus países y que poseen vastas organizaciones que trabajan intensamente,

---

[1] FAA = Founders Achievement Award: Quien obtiene comisiones Diamante recibe un punto por el 21% de cada línea, que haya calificado durante 12 meses. Se otorgan un punto y medio para cada línea que como mínimo tenga una persona calificada que haya recibido comisiones Esmeralda. Se otorgan tres puntos a aquella línea que tenga como mínimo una persona que haya recibido comisiones Diamante. En el año comercial 2008/09 obtuvimos más de 50 puntos FFA por primera vez.

con una alta productividad individual: Leonard y Esther Kim de Corea, Karou Nakajima-san de Japón, Holly Chen y Barry Chi de Taiwán y China.

Existe aprecio mutuo y nos gusta estar juntos. En enero de 2001 fuimos oradores invitados en las convenciones que organizó Kim en Usan y Seúl. Fue el fin de semana más frío de Corea de los últimos 100 años; luego, volamos a Tokio –Kim asumió todos los gastos del viaje en avión- para conocer a Nakajima-san en su nueva casa (soñada). Allí nació el plan que daría lugar a un encuentro mundial en primavera para reunir a empresarios de todo el mundo. Y así sucedió. Nakajima-san se ocupó de organizar la primera convención TOP4 (2001) en Kobe.

Luego siguieron las convenciones de Seúl en 2002 y en Taipei en 2003 y 2004. En los años 2005 y 2006 nosotros mismos organizamos convenciones TOP4 en Bangkok y en Grand Rapids en 2007. Luego fue el turno nuevamente de Leonard & Esther en Seúl en 2008 y de Holly & Barry en Los Angeles en 2009. En 2010 estuvimos nuevamente en Taipei. Cada año, estas convenciones TOP4 cautivan a miles de participantes de todo el mundo. Reina la confusión de lenguas como en la Torre de Babel pero siempre resulta reconfortante.

Pero el trabajo conjunto de TOP4 ofrece resultados: nuestras Downlines italianas Aurea Gosti y Renzo Romagnoli se acercaron a Seúl en 2002 con distrubuidores italianos y participaron de la convención TOP4, acompañados por una pareja española: Mavi y Salvador Perez. Nos resultaron muy simpáticos y nos solicitaron apoyo. Después de 15 años en el negocio Amway, querían triunfar. El éxito vino a través de Holly Chen y Barry Chi en el año 2004. En Roma nos presentaron a un chef chino de Barcelona, Hai Yong, a quien debíamos patrocinar. Entonces establecimos la línea de patrocinio en España Perez–MM–Holly & Barry–Hai Yong. Y Hai Yong comenzó a trabajar. Con Hai Yong, en el año 2004 obtuvimos la calificación Plata en España; fuimos los primeros empresarios nuevos en el nivel Plata de los últimos 17 años en el AMAGRAM™ español. Ahora somos Founders Platin en España; Perez y Hai Yong son Diamante. Pero lo importante es que con nosotros siguieron el Camino de Santiago, año tras año.

Es impresionante lo que actualmente sucede en España. Como allí hay exiliados de todo el mundo que hablan español, pudimos establecer contacto con México, Brasil, Colombia y Venezuela. Los latinoamericanos son los asistentes a las convenciones TOP4 más fieles. Quieren aprender. Quieren triunfar. México y Brasil estaban muy abajo, cuando Amway nos brindó un jet de la empresa en el año 2000 para recorrer América Latina en 10 días. Fue agotador, sí, pero ahora contamos con grupos en pleno crecimiento en Brasil, Colombia y México.

Qué puedo decir para ofrecerles un buen final? Es mucho lo que logramos, para Amway y para nosotros mismos. Nuestros niños nos acompañaron en estas experiencias de nuestras vidas y están más abiertos al mundo que, tal vez, muchos otros. Pero lo más importante es que podemos ayudar. Apoyamos a niños discapacitados y a familias en Vietnam y Rusia; por experiencia propia debido a la muerte de nuestro hijo Michi, sabemos lo importante que es ayudar no solo a los niños, sino también a sus padres. En estas últimas líneas de este libro quisiera agradecerle a mi esposa por la decisión que tomó el 11 de febrero de 1976 al firmar la solicitud para convertirnos en distrubuidores Amway.

GRACIAS

Deseamos agradecer en primer lugar y sobre todo a Lourdes Enríquez y a su equipo. Ella y sus socios comerciales, todavía sin nombrar, han realizado la traducción del inglés de »To Dream or Not To Dream« al español »Soñar o no soñar«, y únicamente para que los interesados de España y de América Latina puedan disponer del texto. Le estamos eternamente agradecidos y le presentamos nuestro reconocimiento.

También debemos agradecer a Mavi y a Salvador Pérez, que amablemente, se han encargado del trabajo de redacción y que ayudaron a corregir los errores y las inconsistencias. Han realizado un trabajo estupendo. Seguramente haya, pese a ello, algún error o inconsistencia que no han descubierto, cuya responsabilidad recae únicamente sobre nosotros.

La carga principal de la edición y del diseño ha recaído de nuevo en nuestra colaboradora de largos años, Doña Tanja Schlecht. Con paciencia, sin queja y siempre de buen humor nos entregó continuamente nuevas ediciones del manuscrito y correcciones, hasta que se pudo dar el visto bueno y pasar a la imprenta. Esta vez también estuvimos sometidos a una fuerte presión por el plazo y sin su experiencia no hubiese sido posible entregar a tiempo.

Este libro contiene también consejos útiles. Por supuesto, que no le podemos garantizar nada. Pero si pudiésemos le estaríamos enormemente agradecidos por una breve respuesta.

Bäumenheim, octubre del 2011

Dr. Peter & Eva Müller-Meerkatz

COMENTARIO FINAL

Nadie puede garantizar que usted también tenga éxito con las técnicas y los métodos aquí presentados. Sin embargo esperamos que las ideas propuestas le ayuden a crear un negocio rentable.